Unternehmenshandbuch zu Sorgfaltspflichten im Kakaosektor

KINDERARBEIT UND ZWANGSARBEIT BEKÄMPFEN

OECD
BESSERE POLITIK FÜR EIN BESSERES LEBEN

Bitte zitieren Sie diese Publikation wie folgt:
OECD (2025), *Unternehmenshandbuch zu Sorgfaltspflichten im Kakaosektor: Kinderarbeit und Zwangsarbeit bekämpfen*, OECD Publishing, Paris, https://doi.org/10.1787/fe69b058-de.

ISBN 978-92-64-62515-0 (Druckfassung)
ISBN 978-92-64-53689-0 (PDF)
ISBN 978-92-64-67282-6 (HTML)

Originaltitel: OECD (2023), *Business Handbook on Due Diligence in the Cocoa Sector*, Serie Title, OECD Publishing, Paris, https://doi.org/10.1787/79812d6f-en.
Übersetzung durch den Deutschen Übersetzungsdienst der OECD.

Bildnachweis: Deckblatt © International Cocoa Initiative.

Korrigenda zu OECD-Publikationen sind verfügbar unter: https://www.oecd.org/en/publications/support/corrigenda.html.

Vorwort

Das *Unternehmenshandbuch zu Sorgfaltspflichten im Kakaosektor: Kinderarbeit und Zwangsarbeit bekämpfen* („das Handbuch") hilft Unternehmen, Risiken von Kinderarbeit und Zwangsarbeit im Kakaosektor zu ermitteln, zu verhindern und gegen sie vorzugehen. Das Handbuch stützt sich auf die Leitprinzipien der Vereinten Nationen für Wirtschaft und Menschenrechte (United Nations Guiding Principles for Business and Human Rights – UNGP), die ILO-Übereinkommen über Kinderarbeit und Zwangsarbeit, die *OECD-Leitsätze für multinationale Unternehmen zu verantwortungsvollem unternehmerischem Handeln* und die OECD-Empfehlungen zu risikobasierter Due Diligence, die im *OECD-Leitfaden für die Erfüllung der Sorgfaltspflicht für verantwortungsvolles unternehmerisches Handeln* („OECD-Due-Diligence-Leitfaden") und im *OECD/FAO-Leitfaden für verantwortungsvolle landwirtschaftliche Lieferketten* („OECD/FAO-Leitfaden") dargelegt sind. Zusammen bilden diese Instrumente die führenden internationalen und staatlich unterstützten Standards für verantwortungsvolles unternehmerisches Handeln und unternehmerische Sorgfaltspflichten.

Die internationale Gemeinschaft hat sich verpflichtet, Zwangsarbeit abzuschaffen und bis 2025 alle Formen der Kinderarbeit zu beseitigen. Von der Verwirklichung dieses Ziels ist die Welt jedoch noch weit entfernt. Nach jüngsten Schätzungen der ILO waren 2020 160 Millionen Kinder von Kinderarbeit betroffen und 2021 befanden sich 27,6 Millionen Erwachsene und Kinder in Zwangsarbeit. Es wird davon ausgegangen, dass 70 % der Kinderarbeit im Agrarsektor in der Subsistenzlandwirtschaft und in der kommerziellen Landwirtschaft (Ackerbau und Viehzucht) stattfindet, in der Regel als unbezahlte Familienarbeit.[1] Innerhalb des Sektors ist bekannt, dass Kakaoerzeugerländer in Afrika und Lateinamerika im Kakaoanbau auf Kinderarbeit zurückgreifen (ILAB, o. J.[1]). Zwangsarbeit ist in der Kakaolieferkette zwar weniger verbreitet als Kinderarbeit, ihre Auswirkungen können aber gravierender sein.

Für die Erstellung dieses Handbuchs haben die Organisation für wirtschaftliche Zusammenarbeit und Entwicklung (OECD), die International Cocoa Initiative (ICI) und die Deutsche Gesellschaft für Internationale Zusammenarbeit GmbH (GIZ) eine informelle Multi-Stakeholder-Sachverständigengruppe (IEG) eingerichtet, in der zwölf Expert*innen aus Wirtschaft, Zivilgesellschaft, internationalen Organisationen sowie anderen Bereichen einen maßgeblichen Beitrag leisteten. Außerdem organisierten die OECD und die ICI mit betroffenen Akteuren im Juni 2022 in Abidjan, Côte d'Ivoire, einen Workshop, und im November 2022 fand ein virtueller Workshop statt. Darüber hinaus wurde im Januar 2023 eine informelle öffentliche Konsultation mit betroffenen Akteuren eingeleitet.

Dieses Handbuch wurde mit finanzieller Unterstützung des Bundesministeriums für wirtschaftliche Zusammenarbeit und Entwicklung (BMZ) und der International Cocoa Initiative (ICI) erarbeitet.

Inhaltsverzeichnis

Zusammenfassung 6

Kinderarbeit und Zwangsarbeit im Kakaosektor 9
- Die Problematik der Kinder- und Zwangsarbeit verstehen 10
- Wie verbreitet ist Kinder- und Zwangsarbeit im Kakaosektor? 12
- Was sind die Merkmale der Kakaolieferkette und wie wirken sie sich auf die Due-Diligence-Bemühungen der Unternehmen aus? 14

OECD-Rahmen für die Erfüllung der Sorgfaltspflichten 16
- Was versteht man unter Due Diligence? 17
- Die Verantwortung eines Unternehmens in Bezug auf negative Effekte verstehen 18

Schritt 1: Verantwortungsvolles unternehmerisches Handeln und Sorgfaltspflichten in Leitlinien und Managementsystemen verankern 20
- Verantwortungsvolles unternehmerisches Handeln und Sorgfaltspflichten in Leitlinien und Managementsystemen verankern 21

Schritt 2: Die Risiken von Kinder- und Zwangsarbeit in der Lieferkette ermitteln, bewerten und priorisieren 24
- Tatsächliche und potenzielle negative menschenrechtliche Auswirkungen im Zusammenhang mit Geschäftstätigkeiten, Produkten oder Dienstleistungen des Unternehmens ermitteln und bewerten 25

Schritt 3: Situationen von Kinderarbeit und Zwangsarbeit beseitigen, verhindern und mindern 36
- Negative Effekte beseitigen, verhindern und mindern 37

Schritt 4: Umsetzung und Ergebnisse nachverfolgen 44
- Umsetzung und Ergebnisse nachverfolgen 45

Schritt 5: Die Erfüllung der Sorgfaltspflichten kommunizieren und darüber Bericht erstatten 49
- Die Erfüllung der Sorgfaltspflichten kommunizieren und darüber Bericht erstatten 50

Abhilfe schaffen: Gegebenenfalls Abhilfe leisten oder dabei kooperieren 53
- Gegebenenfalls Abhilfe leisten oder dabei kooperieren 54

Ausmaß und Wirkung der Bekämpfung von Kinderarbeit und Zwangsarbeit durch Zusammenarbeit steigern 57
Verantwortungsvolles unternehmerisches Handeln und kooperative Aktionen im Kakaosektor 58

Anhang A. Glossar 60

Literaturverzeichnis 62

Anmerkungen 66

ABBILDUNGEN

Abbildung 1. Beispiele gefährlicher Kinderarbeit auf Kakaofarmen 11
Abbildung 2. Ausmaß der Kinderarbeit im Kakaosektor 13
Abbildung 3. Ausmaß der Zwangsarbeit im Kakaosektor 13
Abbildung 4. OECD-Rahmen für die Erfüllung der Sorgfaltspflichten und unterstützende Maßnahmen 17
Abbildung 5. Umgang mit potenziellen und tatsächlichen negativen Effekten 19
Abbildung 6. Menschenrechtliche Risiken in der Kakaolieferkette 27
Abbildung 7. Das ICI-System zur Überwachung und Behebung von Kinderarbeit (CLMRS) 29
Abbildung 8. Wie lässt sich bestimmen, welche Kinder in einer Kakaoanbaugemeinde am hilfsbedürftigsten sind? 39
Abbildung 9. Auswahl der Maßnahmen für Kinder und Gemeinschaften 55

TABELLEN

Tabelle 1. Beispiele, die helfen sollen, den Zusammenhang zwischen einem Unternehmen und Situationen von Kinderarbeit und Zwangsarbeit zu definieren 19
Tabelle 2. Kriterien und Risikoindikatoren zur Bewertung von Kinder- und Zwangsarbeit bei der Beschaffung von Kakao 29
Tabelle 3. Indikatoren für Zwangsarbeit auf Unternehmensebene 32
Tabelle 4. Im Kakaosektor häufig verwendete Indikatoren 33
Tabelle 5. Elemente, die in einen Risikopräventions- und -minderungsplan aufgenommen werden sollten 42
Tabelle 6. Beispiele für Indikatoren zur Nachverfolgung 46

Zusammenfassung

Der *OECD/FAO-Leitfaden für verantwortungsvolle landwirtschaftliche Lieferketten* („OECD/FAO-Leitfaden") (OECD/FAO, 2016[2]) und der *OECD-Leitfaden für die Erfüllung der Sorgfaltspflicht für verantwortungsvolles unternehmerisches Handeln* („OECD-Due-Diligence-Leitfaden") (OECD, 2018[3]) helfen Unternehmen, die risikobasierten Due-Diligence-Prüfungen der OECD im Einklang mit international anerkannten Standards für verantwortungsvolles unternehmerisches Handeln, wie den *OECD-Leitsätzen für multinationale Unternehmen zu verantwortungsvollem unternehmerischem Handeln,* den VN-Leitprinzipien für Wirtschaft und Menschenrechte und dem ILO-Übereinkommen über Kinderarbeit, umzusetzen. Diese Empfehlungen können Unternehmen helfen, die negativen Effekte in Bezug auf Arbeitskräfte, Menschenrechte, Umwelt, Bestechung, Verbraucher*innen und Corporate Governance, die mit ihren Geschäftstätigkeiten und Lieferketten sowie anderen Geschäftsbeziehungen verbunden sein können, zu verhindern und ihnen entgegenzuwirken (OECD/FAO, 2021[4]).

Die Unternehmen sind sich im Allgemeinen darüber im Klaren, dass sie die Menschenrechte achten und ein verantwortungsvolles unternehmerisches Handeln unterstützen müssen. Die praktische Umsetzung risikoabhängiger Due-Diligence-Prüfungen, die darauf abzielen, Risiken und negative Effekte zu ermitteln, zu verhindern und ihnen entgegenzuwirken, stellt jedoch nach wie vor eine Herausforderung dar. Umsetzungsprobleme gibt es insbesondere in komplexen und fragmentierten Lieferketten, wie beispielsweise im Agrarsektor. Zudem haben die Unternehmen häufig nur begrenzte Erfahrungen mit der Einbindung von Zivilgesellschaft, Arbeitnehmervertreter*innen und staatlichen Akteuren. Diese Herangehensweise ist jedoch wichtig für effektive Due-Diligence- und Risikominderungsstrategien, die den von den Vereinten Nationen (VN), der OECD und der Internationalen Arbeitsorganisation (ILO) formulierten Erwartungen gerecht werden.[2]

Das vorliegende Handbuch versucht, diese Lücken zu schließen, indem es den Schwerpunkt auf Kinderarbeit und Zwangsarbeit legt, die als folgenschwere Menschenrechtsverletzungen im Kakaosektor eingestuft werden. In diesem Handbuch wird dargelegt, wie Unternehmen die risikobasierten Due-Diligence-Prüfungen der OECD umsetzen können, um gegen Risiken und Situationen von Kinderarbeit und Zwangsarbeit in der Kakaolieferkette vorzugehen. Dieses Handbuch kann Unternehmen auch dazu anregen, Due-Diligence-Prüfungen in anderen landwirtschaftlichen Lieferketten durchzuführen, um gegen Menschenrechtsrisiken vorzugehen.

Es enthält keine neuen Empfehlungen, sondern erläutert vielmehr, wie die OECD-Empfehlungen zu risikobasierter Due Diligence angewendet werden können, um gegen Kinder- und Zwangsarbeit vorzugehen. Dazu werden bereits existierende Empfehlungen kontextualisiert, und die Nutzer*innen werden auf hilfreiche Quellen zur Beseitigung dieser Risiken verwiesen.

Das Handbuch befasst sich mit der Erfüllung der Sorgfaltspflichten in Kakaolieferketten weltweit, die meisten Beispiele kommen jedoch aus Westafrika.

Warum ein Handbuch?

Unternehmen, die im Kakaosektor tätig sind, laufen Gefahr, durch ihre Geschäftstätigkeit, Lieferketten und Geschäftsbeziehungen mit negativen Effekten, insbesondere Kinder- und Zwangsarbeit, in Verbindung gebracht zu werden.

Auch wenn die Unternehmen im Allgemeinen natürlich wissen, dass sie die Menschenrechte achten und ein verantwortungsvolles unternehmerisches Handeln durch risikobasierte Due-Diligence-Prüfungen unterstützen müssen, fällt es vielen immer noch schwer, diese Erwartungen in ihren Kakaolieferketten umzusetzen. Das Handbuch wurde erstellt, um Unternehmen zu helfen, sowohl Risiken als auch tatsächliche Situationen von Menschenrechtsverletzungen im Kakaosektor zu ermitteln, zu verhindern und gegen sie vorzugehen, wobei der Schwerpunkt auf Kinder- und Zwangsarbeit gelegt wird. Unternehmen können dieses Handbuch nutzen, um die von ihnen im Bereich verantwortungsvolles unternehmerisches Handeln eingegangenen Verpflichtungen anhand der OECD-Empfehlungen zu risikobasierter Due-Diligence in die Tat umzusetzen.

Das Handbuch ...

- fördert ein gemeinsames Verständnis der Risiken und Auswirkungen in Kakaolieferketten, um Unternehmen zu helfen, freiwillige und verbindliche Standards zur Erfüllung der Sorgfaltspflichten und ihre Zusagen zur Bekämpfung von Kinder- und Zwangsarbeit einzuhalten.
- veranschaulicht klar und deutlich, wie bestehende OECD-Empfehlungen zur Erfüllung der Sorgfaltspflichten in komplexen und fragmentierten Lieferketten im Kakaosektor in die Praxis umgesetzt werden können.
- formuliert sektorspezifische Empfehlungen, Tipps und Beispiele für die Umsetzung von Due-Diligence-Maßnahmen, insbesondere für kleine und mittlere Unternehmen (KMU).
- enthält Quellenhinweise auf bestehende Ressourcen, auf die Unternehmen bereits zugreifen können, um Due-Diligence-Maßnahmen zu unterstützen und gegen Kinderarbeit und Zwangsarbeit in der Branche vorzugehen.

Für wen ist dieses Handbuch bestimmt?

Dieses Handbuch richtet sich an Unternehmen im Kakaosektor auf jeder beliebigen Stufe der Lieferkette, unabhängig vom geografischen Standort oder von der Unternehmensgröße. Da menschenrechtliche Risiken und Auswirkungen entlang der gesamten Kakaolieferkette bestehen, kann dieses Handbuch für alle beteiligten Akteure, d. h. Kakaogenossenschaften und Bauernverbände, Kakaohändler und -verarbeiter, Schokoladenhersteller, Süßwarenmarken und Einzelhändler, die Kakaoprodukte verkaufen, von Nutzen sein.

Wie ist dieses Handbuch einzusetzen?

Dieses Handbuch ist so knapp wie möglich gehalten und basiert auf dem Feedback von Unternehmen, die an gezielten Ratschlägen zur Umsetzung des OECD-Rahmens für risikobasierte Due Diligence interessiert waren.

Um die Umsetzung des Handbuchs in der Praxis zu erleichtern, enthält jeder Schritt des Due-Diligence-Rahmens der OECD einen Katalog an strategischen Fragen, die sich die Unternehmen bei der Umsetzung des jeweiligen Schritts stellen sollten. Da es sich bei der Mehrzahl der Unternehmen in der Branche um KMU handelt, die bei der Durchführung risikoabhängiger Due-Diligence-Prüfungen mit besonderen Herausforderungen konfrontiert sein können, enthält das Handbuch auch spezielle Tipps für KMU.

Den Nutzer*innen wird empfohlen, dieses Handbuch zusammen mit den von der OECD veröffentlichten Hauptinstrumenten zu risikobasierten Due-Diligence-Prüfungen einzusetzen, d. h. dem *OECD/FAO-Leitfaden für verantwortungsvolle landwirtschaftliche Lieferketten* (OECD/FAO-Leitfaden) (OECD/FAO, 2016[2]) und dem *OECD-Leitfaden für die Erfüllung der Sorgfaltspflicht für verantwortungsvolles unternehmerisches Handeln* (OECD-Due-Diligence-Leitfaden) (OECD, 2018[3]). In diesen beiden staatlich unterstützten Instrumenten finden Unternehmer und Investoren die wichtigsten Empfehlungen zu den internationalen Erwartungen hinsichtlich der Sorgfaltspflichten und umfangreiche Erläuterungen zur Umsetzung des risikobasierten Due-Diligence-Rahmens der OECD. Den Nutzer*innen des Handbuchs wird nahegelegt, die Erkenntnisse und Tipps in den einzelnen Kapiteln zur Kenntnis zu nehmen und die auf der Website der International Cocoa Initiative (ICI) verfügbaren Ressourcen zu konsultieren.[3]

Kinderarbeit und Zwangsarbeit im Kakaosektor

Dieses Kapitel führt die Definitionen von Kinder- und Zwangsarbeit ein, bietet einen allgemeinen Überblick über das Ausmaß der Problematik und erörtert, warum sich die Unternehmen für die Einhaltung der Menschenrechte im Kakaosektor einsetzen sollten.

Die Problematik der Kinder- und Zwangsarbeit verstehen

Kinderarbeit und Zwangsarbeit sind sowohl ein Symptom als auch eine Folge systemischer Armut. Diese beiden komplexen Herausforderungen sind nicht auf den Kakaosektor beschränkt und haben mehrere fundamentale Ursachen, darunter Armut und mangelnder Zugang zu einer hochwertigen Grundversorgung und Infrastruktur in Bereichen wie Bildung, Gesundheitsversorgung und soziale Sicherung. Hinzu kommen Schwierigkeiten bei der Durchsetzung von Rechts- und Regulierungsrahmen, ein Mangel an menschenwürdigen Beschäftigungsmöglichkeiten, Geschlechterungleichheit, geringe Beschäftigungsquoten von Erwachsenen (was oft auf niedrige Löhne in einem gegebenen Sektor zurückzuführen ist), Schwierigkeiten beim Zugang zu Landrechten sowie unzureichende Due-Diligence-Programme in Unternehmen.

Definition von Kinderarbeit

Nicht jede Arbeit, die von Kindern verrichtet wird, ist Kinderarbeit. Laut der Internationalen Arbeitsorganisation (ILO) wird die Mitwirkung von Kindern und Jugendlichen an einer Tätigkeit, die weder ihre Gesundheit und ihre persönliche Entwicklung noch ihre Schul- oder Berufsausbildung behindert, im Allgemeinen als positiv und mithin akzeptable Kinderarbeit/leichte Arbeit betrachtet. Kinderarbeit/leichte Arbeit ist allgemein ungefährliche Arbeit im Umfang von weniger als 14 Stunden pro Woche, die nur von Kindern im Alter von mindestens 13 Jahren ausgeführt werden sollte, wenn das lokale Recht dies zulässt (ILO/IOE, 2015[5]).

Kinderarbeit wird in zwei ILO-Übereinkommen definiert:

- Das Übereinkommen über das Mindestalter, 1973 (Nr. 138) definiert „Kinderarbeit" als eine Arbeit, welche Kinder ihrer Kindheit, ihres Potenzials und ihrer Würde beraubt und ihre physische und psychische Entwicklung schädigt, auch indem sie ihre Schulbildung beeinträchtigt und ihnen die Möglichkeit des Schulbesuchs vorenthält, sie zwingt, die Schule frühzeitig zu verlassen, oder sie dazu anhält, Schule mit extrem langer und harter Arbeit zu verbinden. Ferner legt es das Mindestalter für die Ausübung einer Tätigkeit bei 15 Jahren fest (13 Jahre bei leichten Arbeiten). Gefährliche Tätigkeiten dürfen erst ab dem Alter von 18 Jahren ausgeübt werden (16 Jahre unter bestimmten strengen Bedingungen) (ILO, o. J.[6]).
- Das Übereinkommen über das Verbot und unverzügliche Maßnahmen zur Beseitigung der schlimmsten Formen der Kinderarbeit, 1999 (Nr. 182) definiert vier Kategorien der schlimmsten Formen von Kinderarbeit (ILO, o. J.[7]):
    - a) alle Formen der Sklaverei oder alle sklavereiähnlichen Praktiken, wie der Verkauf von Kindern und der Kinderhandel, Schuldknechtschaft und Leibeigenschaft sowie Zwangs- oder Pflichtarbeit, einschließlich der Zwangs- oder Pflichtrekrutierung von Kindern für den Einsatz in bewaffneten Konflikten
    - b) das Heranziehen, Vermitteln oder Anbieten eines Kindes zur Prostitution, zur Herstellung von Pornografie oder zu pornografischen Darbietungen
    - c) das Heranziehen, Vermitteln oder Anbieten eines Kindes zu unerlaubten Tätigkeiten, insbesondere zur Gewinnung von und zum Handel mit Drogen, wie diese in den einschlägigen internationalen Übereinkünften definiert sind
    - d) Arbeit, die ihrer Natur nach oder aufgrund der Umstände, unter denen sie verrichtet wird, voraussichtlich für die Gesundheit, die Sicherheit oder die Sittlichkeit von Kindern schädlich ist. Worum es sich bei diesen verbotenen Tätigkeiten genau handelt, muss in jedem Land definiert und geprüft werden.

Die Kategorien a), b) und c) gelten *unter allen Umständen* als Formen der Kinderarbeit, was bedeutet, dass sie unabhängig vom Alter des Kindes, von der Art der Arbeit sowie von den Bedingungen und Umständen, unter denen diese Tätigkeiten ausgeübt werden, verboten sind. Kategorie d) gilt unter Vorbehalt als schlimmste Form der Kinderarbeit, daher die Notwendigkeit, sie auf lokaler Ebene anhand einer nationalen Liste gefährlicher Tätigkeiten konkret zu definieren.

Die meisten der in der Kakaoindustrie arbeitenden Kinder gehen einer gefährlichen Tätigkeit nach, wie dem Tragen von schweren Lasten, Hantieren mit gefährlichen Werkzeugen und Umgang mit Pestiziden. Ein geringer Prozentsatz dieser Kinder befindet sich Berichten zufolge in Situationen von Zwangsarbeit.

Darüber hinaus schützt das 1989 verabschiedete Übereinkommen der Vereinten Nationen über die Rechte des Kindes (UNCRC) Kinder vor wirtschaftlicher Ausbeutung und verleiht ihnen das Recht, nicht zu einer Arbeit herangezogen zu werden, die Gefahren mit sich bringen, die Erziehung des Kindes behindern oder der Gesundheit des Kindes oder seiner körperlichen, geistigen, seelischen, sittlichen oder sozialen Entwicklung schaden könnte. Es schützt Kinder vor jeder Form körperlicher oder geistiger Gewaltanwendung, Schadenszufügung oder Misshandlung, vor Verwahrlosung oder Vernachlässigung, vor schlechter Behandlung oder Ausbeutung, einschließlich des sexuellen Missbrauchs (VN, o. J.[8]).

Abbildung 1. Beispiele gefährlicher Kinderarbeit auf Kakaofarmen

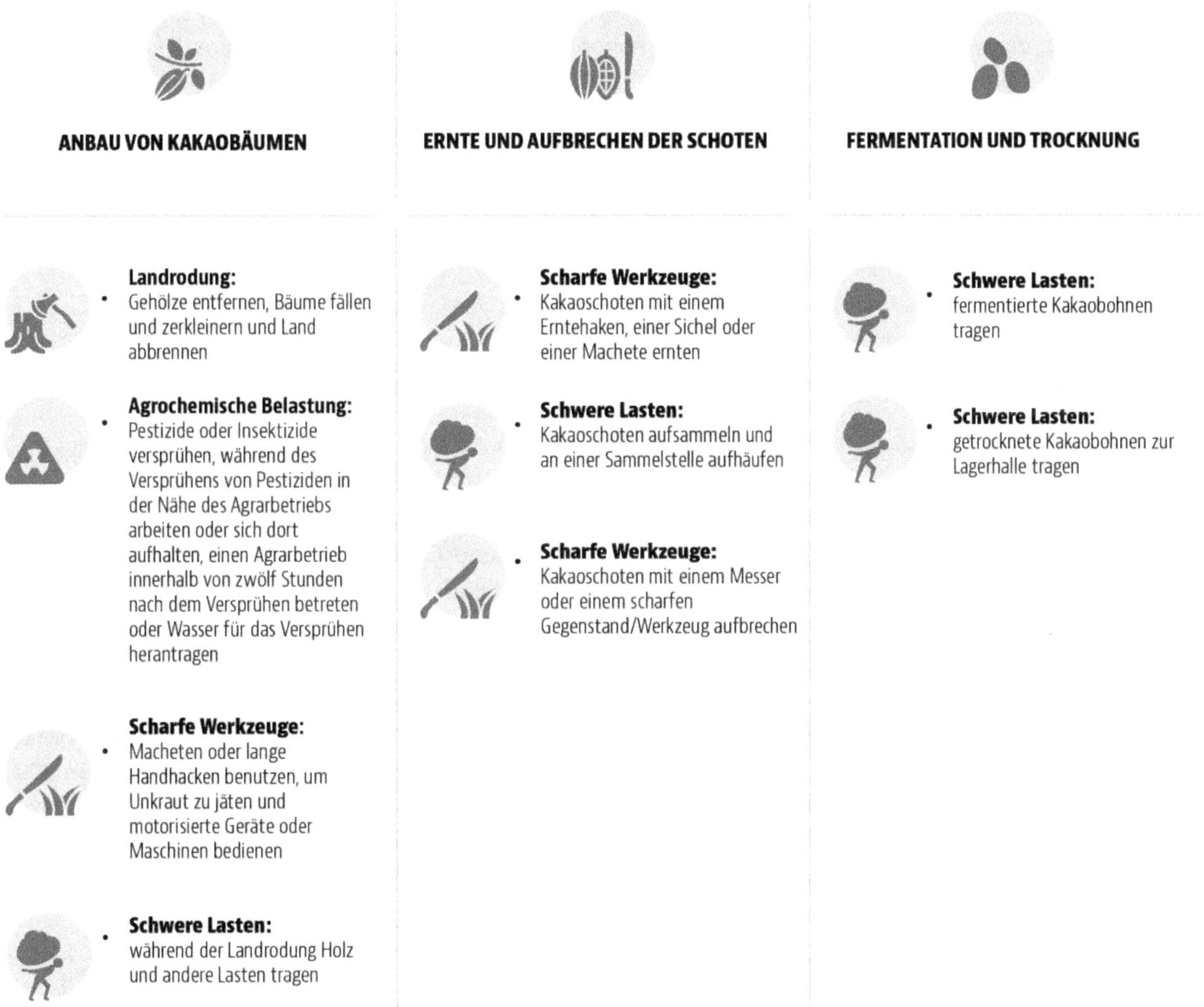

Quelle: Nach Interviews mit Landwirt*innen in Ghana und Côte d'Ivoire sowie Sadhu (2020[9]), *Assessing Progress in Reducing Child Labour in Cocoa Growing Areas of Côte d'Ivoire and Ghana*, https://www.norc.org/PDFs/Cocoa%20Report/NORC%202020%20Cocoa%20Report_English.pdf.

Definition von Zwangsarbeit

Im Übereinkommen über Zwangs- und Pflichtarbeit, 29 (1930) wird Zwangsarbeit definiert als „jede Art von Arbeit oder Dienstleistung, die von einer Person unter Androhung irgendeiner Strafe verlangt wird und für die sie sich nicht freiwillig zur Verfügung gestellt hat" (ILO, o. J.[10]). „Androhung irgendeiner Strafe" bezieht sich auf die Zwangsmittel, die eingesetzt werden, um einer Person gegen ihren Willen, bei oder nach der Einstellung eine Arbeit aufzuerlegen. „Unfreiwillige Arbeit" bezieht sich auf jede Form von Arbeit, die ohne freiwillige und in voller Kenntnis der Sachlage erteilte Zustimmung der Arbeitskraft erfolgt. Ob eine Situation von Zwangsarbeit vorliegt, wird durch die Art der Beziehung zwischen Opfer und Täter und nicht durch die Art der ausgeübten Tätigkeit bestimmt. Von Zwangsarbeit kann nur bei einer Kombination aus Nötigung und einem Mangel an freiwilliger und in voller Kenntnis der Sachlage erteilten Zustimmung zur Übernahme der Arbeit die Rede sein.

Zwangsarbeit kann sowohl Erwachsene als auch Kinder betreffen. Kinder unterliegen der Zwangsarbeit, wenn eine oder mehrere der folgenden Situationen zutreffen (ILO, 2018[11]):

- Arbeit, die für einen Elternteil oder beide Elternteile geleistet wird, der/die sich selbst in einer Situation von Zwangsarbeit befindet/befinden
- Arbeit, die unter Androhung einer Strafe ausgeübt wird, welche von einer dritten Partei entweder direkt über das Kind oder über die Eltern des Kindes verhängt wird
- Die von den Kindern zu verrichtende Arbeit kann einer der drei schlimmsten Formen der Kinderarbeit zugeordnet werden: 1. alle Formen der Sklaverei oder alle sklavereiähnlichen Praktiken, 2. das Heranziehen, Vermitteln oder Anbieten eines Kindes zur Prostitution, zur Herstellung von Pornografie oder zu pornografischen Darbietungen, 3. das Heranziehen, Vermitteln oder Anbieten eines Kindes zu unerlaubten Tätigkeiten, insbesondere zur Gewinnung von und zum Handel mit Drogen.

Wie verbreitet ist Kinder- und Zwangsarbeit im Kakaosektor?

Kakao ist ein wichtiger Rohstoff im Agrarsektor, da Kakaobohnen der Hauptbestandteil von Schokolade sind. Etwa 70 % der weltweiten Kakaoproduktion stammen aus Afrika. Mit einem Anteil von 44 % bzw. 16 % an der weltweiten Kakaoproduktion waren Côte d'Ivoire und Ghana im Zeitraum 2019–2020 die führenden Kakaoproduzenten (ICCO, 2022[12]). Südostasien und Ozeanien sowie Lateinamerika tragen mit 6 % bzw. 19 % ebenfalls zur weltweiten Kakaoproduktion bei (ICCO, 2022[12]).

Die internationale Staatengemeinschaft hat sich verpflichtet, „sofortige und wirksame Maßnahmen zu ergreifen, um Zwangsarbeit zu bekämpfen, moderne Sklaverei und Menschenhandel zu beenden, und sicherzustellen, dass die schlimmsten Formen der Kinderarbeit, darunter die Rekrutierung und der Einsatz von Kindersoldaten, verboten und beseitigt werden und bis 2025 die Kinderarbeit in all ihren Formen beendet wird" (Alliance 8.7, o. J.[13]). Dennoch befanden sich jüngsten globalen Schätzungen zufolge 2020 weltweit in allen Sektoren zusammengenommen noch immer 160 Millionen Kinder in Kinderarbeit, davon 70 % in der Landwirtschaft (112 Millionen Kinder) (ILO/UNICEF, 2021[14]). Das US-Arbeitsministerium liefert Daten zum Ausmaß der Kinder- und Zwangsarbeit in bestimmten Ländern.[4]

Abbildung 2. Ausmaß der Kinderarbeit im Kakaosektor

Quelle: ILO/UNICEF (2021[14]), *Child Labour: Global estimates 2020, trends and the road forward*, https://www.ilo.org/ipec/Informationresources/WCMS_797515/lang-en/index.htm; Sadhu (2020[9]), *Assessing Progress in Reducing Child Labour in Cocoa Growing Areas of Côte d'Ivoire and Ghana*, https://www.norc.org/PDFs/Cocoa%20Report/NORC%202020%20Cocoa%20Report_English.pdf.

Abbildung 3. Ausmaß der Zwangsarbeit im Kakaosektor

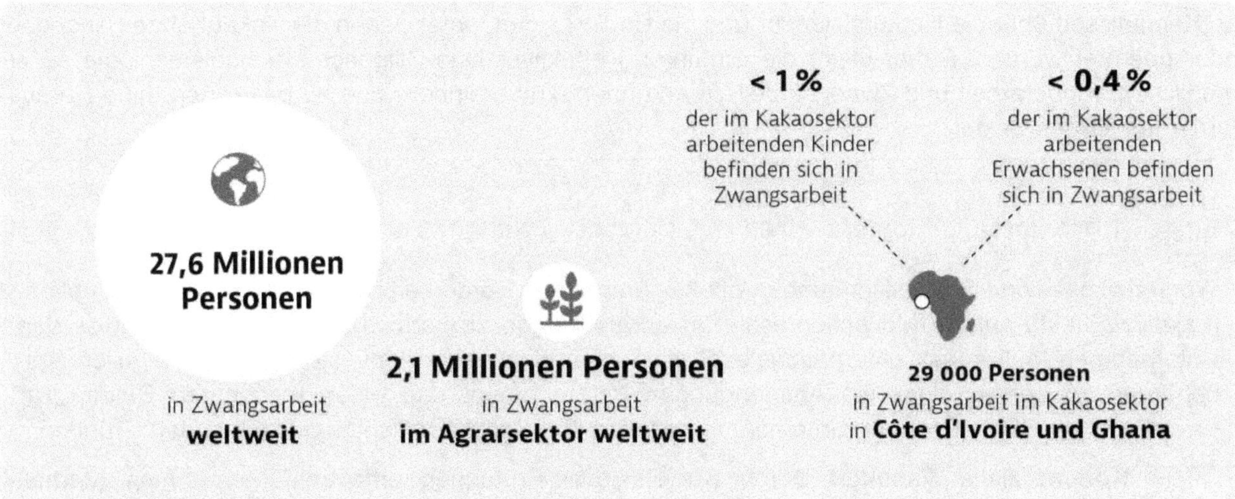

Quelle: ILO/Walk Free/IOM (2022[15]), *Global Estimates of Modern Slavery: Forced Labour and Forced Marriage*, https://www.walkfree.org/reports/global-estimates-of-modern-slavery-2022/; Sadhu (2020[9]), *Assessing Progress in Reducing Child Labour in Cocoa Growing Areas of Côte d'Ivoire and Ghana*, https://www.norc.org/PDFs/Cocoa%20Report/NORC%202020%20Cocoa%20Report_English.pdf; Buhr, E. und E. Gordon (2018[16]), Bitter Sweets: The prevalence of forced labour and child labour in the cocoa sectors of Côte d'Ivoire and Ghana, https://www.cocoainitiative.org/knowledge-hub/resources/walk-free-foundation-study-prevalence-forced-labour-and-child-labour-cocoa.

Was sind die Merkmale der Kakaolieferkette und wie wirken sie sich auf die Due-Diligence-Bemühungen der Unternehmen aus?

Weltweit werden 90 % des Kakaos von Kleinstbetrieben erzeugt, die Flächen von maximal fünf Hektar bewirtschaften (ICCO, o. J.[17]). Das entspricht einer Zahl von 5–6 Millionen Landwirt*innen (Kozicka et al., 2018[18]). Kakaobohnen wechseln in der Lieferkette mehrfach den Besitzer und wandern von den Erzeugern über Sammelstellen oder Kooperativen zu Zwischenhändlern und Exporteuren bis zu Kakaoverarbeitern. Die Verarbeiter befinden sich in der Regel im Ausland, in Ländern wie Belgien, Deutschland, Frankreich, den Niederlanden, der Schweiz und den Vereinigten Staaten. Über 36 % der jährlichen Kakaobohnenernte wird in Europa und nahezu 8 % in den Vereinigten Staaten gemahlen. Der gemahlene Kakao wird an Schokoladen- und Kakaoprodukthersteller und -marken und anschließend an Einzelhändler geliefert (ICCO, 2022[19]).

In Ghana verkaufen die Landwirt*innen ihre Kakaobohnen hauptsächlich an lokale Vertreter lizenzierter Handelsfirmen, die die Kakaobohnen zu dem von der ghanaischen Kakaovermarktungsbehörde Ghana Cocoa Board (COCOBOD) festgesetzten Preis aufkaufen (Fairtrade Foundation, 2020[20]). In Côte d'Ivoire verkaufen die Landwirt*innen ihren Kakao entweder an Genossenschaften oder lokale Kleinhändler, die als *Pisteure* bezeichnet werden und gewöhnlich mit rd. 25–30 Landwirt*innen zusammenarbeiten. *Pisteure* liefern die Kakaobohnen an größere lizenzierte Händler (Fairtrade Foundation, 2020[20]).

Mehr als 50 % der Kakaobäuerinnen und -bauern in Côte d'Ivoire und Ghana gehören Berichten zufolge keiner Genossenschaft an (bis zu 1,69 Millionen Personen). Entsprechend groß ist die Herausforderung für Zwischenhändler und nachgelagerte Unternehmen, sie beim Mapping und der Rückverfolgbarkeit ihrer Lieferketten zu erfassen (Fairtrade Foundation, 2020[20]). Zwar haben einige Unternehmen die Transparenz in Bezug auf die Bezugsquellen ihrer Kakaobohnen verbessert, doch fehlt es vielen nach wie vor an Kenntnissen über die Herkunftsländer und die Bedingungen, unter denen die Kakaobohnen angebaut oder geerntet wurden. Daher bleibt die Einführung effektiver Due-Diligence-Mechanismen, die es ermöglichen, Kinderarbeit und Zwangsarbeit zu erkennen, zu verhindern und zu beseitigen, eine Herausforderung für den Sektor.

Kasten 1. Warum sollten Unternehmen Due-Diligence-Prüfungen durchführen?

Wenn risikobasierte Sorgfaltsprüfungen effektiv umgesetzt werden, können sie Unternehmen helfen, negative Effekte auf die Menschenrechte zu erkennen und zu verhindern. Dies ermöglicht es den Unternehmen außerdem, internationale Regelwerke einzuhalten, Investoren und Regulierungsbehörden zu zeigen, dass sie Anstrengungen unternehmen, und einen messbaren Beitrag zur Erreichung der SDG zu leisten. Unternehmen erfüllen ihre Sorgfaltspflichten aus folgenden Gründen:

- **Kommerzielle Aspekte:** Durch Due-Diligence-Prüfungen erhalten Unternehmen Klarheit darüber, an welchen Stellen in der Lieferkette Risiken bestehen. So sind sie in der Lage, Probleme proaktiv anzugehen, Chancen zu erkennen, um Kunden- und Marktbedürfnissen gerecht zu werden und einen Mehrwert zu schaffen. Die Integration der Sorgfaltspflichten in die Risikomanagementsysteme von Unternehmen trägt dazu bei, das Management zu verbessern und die Zulieferer und Stakeholder einzubinden und erhöht dadurch die Resilienz. Eine höhere Transparenz entlang der Lieferkette kann den Unternehmen außerdem einen besseren Zugang zu neuem Kapital und günstigeren Finanzierungsbedingungen verschaffen.
- **Regulierungsauflagen:** Die Regierungen verabschieden immer mehr Gesetze, um Unternehmen zur Durchführung von Due-Diligence-Prüfungen zu verpflichten, die zum Ziel haben, Menschenrechts- und Umweltrisiken in globalen Lieferketten zu erkennen und anzugehen. 2022 veröffentlichte die Europäische Kommission den Entwurf einer Richtlinie über die Sorg-

faltspflichten von Unternehmen im Hinblick auf Nachhaltigkeit (Corporate Sustainability Due Diligence Directive – CSDDD), die zu einem führenden Standard für verantwortungsvolles unternehmerisches Handeln werden soll, sowie einen Vorschlag für ein Verbot von in Zwangsarbeit hergestellten Produkten auf dem Unionsmarkt. Mehrere europäische Länder, darunter Deutschland, Frankreich, Norwegen, die Schweiz und das Vereinigte Königreich, haben Gesetze verabschiedet, die Unternehmen unterschiedlich strenge Sorgfaltspflichten auferlegen. Außerhalb Europas haben Australien und die Vereinigten Staaten ähnliche Gesetze verabschiedet (UNICEF, 2022[21]).

- **Gesellschaftliche Erwartungen:** Verbraucher*innen, Käufer*innen, Beschäftigte und Bürger*innen erwarten von Unternehmen als Mindeststandard, die Menschenrechte im Rahmen ihrer „unternehmerischen Tätigkeit" einzuhalten. Im Kakaosektor sind diese Erwartungen angesichts der Häufigkeit von Kinderarbeit und des hohen Ausmaßes der Umweltzerstörung für ein Produkt, das als „nicht unbedingt notwendig" oder als Luxusartikel betrachtet wird, besonders hoch. Due-Diligence-Prüfungen helfen Unternehmen, „sich dessen bewusst zu werden und zu zeigen", wie sie einen positiven Beitrag zur Gesellschaft leisten, und tragen dadurch auch dazu bei, ihren Ruf zu schützen.

OECD-Rahmen für die Erfüllung der Sorgfaltspflichten

In diesem Kapitel wird der Due-Diligence-Rahmen der OECD vorgestellt und erläutert, wie Unternehmen sich ihrer Verantwortung für negative Effekte bewusst werden können und was dies für das unternehmerische Handeln bedeutet.

Was versteht man unter Due Diligence?

Die OECD hat einen Risikomanagementrahmen entwickelt, an dem sich Unternehmen orientieren sollten, um die von ihren Geschäftstätigkeiten, Lieferketten und anderen Geschäftsbeziehungen ausgehenden tatsächlichen und potenziellen negativen Effekte zu ermitteln, zu vermeiden und zu mindern sowie Rechenschaft darüber abzulegen, wie sie diesen Effekten begegnen.

Dieses Rahmenwerk, das im OECD-Due-Diligence-Leitfaden weiter ausgeführt wird, enthält sechs Maßnahmen, um die Verpflichtungen für verantwortungsvolles unternehmerisches Handeln (*responsible business conduct* – RBC) zu erfüllen:

1. verantwortungsvolles unternehmerisches Handeln in Strategien und Managementsystemen verankern
2. tatsächliche und potenzielle negative Effekte auf RBC-Belange erkennen
3. negative Effekte beseitigen, verhindern oder mindern
4. Umsetzung und Ergebnisse nachverfolgen
5. Umgang mit Effekten kommunizieren
6. gegebenenfalls Abhilfe ermöglichen

Abbildung 4. OECD-Rahmen für die Erfüllung der Sorgfaltspflichten und unterstützende Maßnahmen

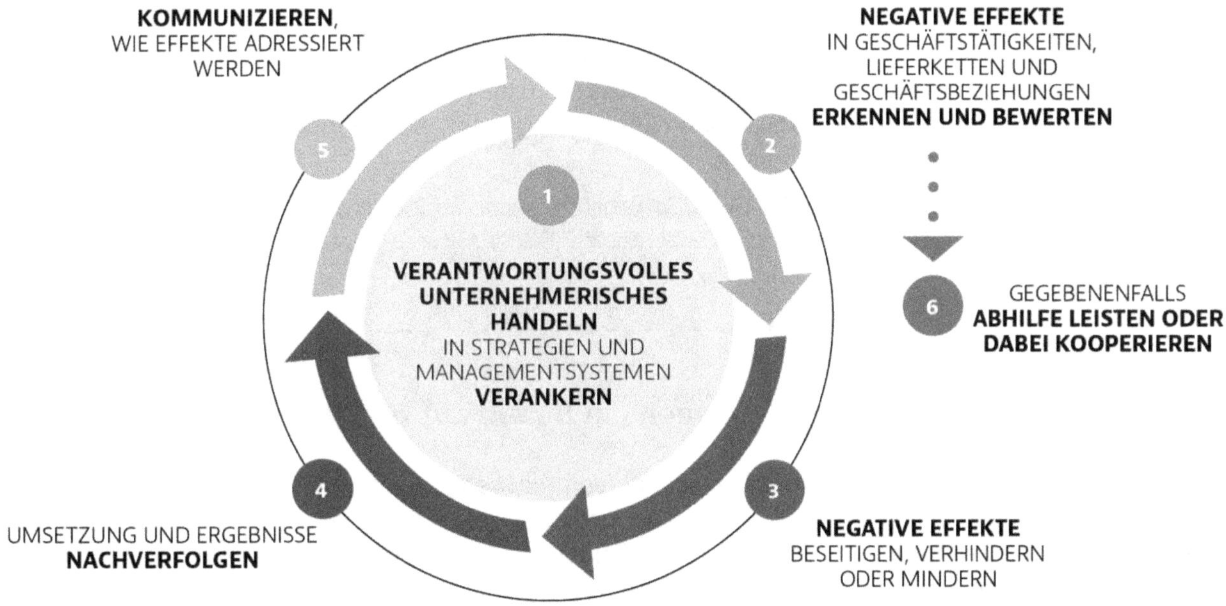

Quelle: OECD (2018[22]), *OECD-Leitfaden für die Erfüllung der Sorgfaltspflicht für verantwortungsvolles unternehmerisches Handeln*, OECD, Paris, http://mneguidelines.oecd.org/OECD-leitfaden-fur-die-erfullung-der-sorgfaltspflicht-fur-verantwortungsvolles-unternehmerisches-handeln.pdf.

Bei der Erfüllung der Sorgfaltspflichten sollte den Bedürfnissen der am stärksten gefährdeten Gruppen und Gemeinschaften, und insbesondere der Frauen, Rechnung getragen werden.[5] In Côte d'Ivoire und Ghana deuten Studien beispielsweise darauf hin, dass Kinderarbeit in Gemeinschaften mit höherem Bildungsniveau der Erwachsenenbevölkerung, insbesondere der Frauen, weniger verbreitet ist (ICI, 2019[23]).

Der OECD/FAO-Leitfaden, der in Verbindung mit dem OECD-Due-Diligence-Leitfaden und diesem Handbuch eingesetzt werden sollte, enthält detaillierte Empfehlungen dazu, wie im Agrarsektor tätige Unternehmen und Investoren den Due-Diligence-Rahmen nutzen können, um soziale, ökologische und Governancerisiken und Schäden, die in landwirtschaftlichen Lieferketten auftreten können, darunter Kinder- und Zwangsarbeit, zu verhindern und dagegen vorzugehen.

Kasten 2. Was ist unter „negativen Effekten“ und „Risiko“ zu verstehen?

In den *OECD-Leitsätzen für multinationale Unternehmen* wird anerkannt, dass Unternehmen positive Beiträge zur Wirtschaft eines Landes und zum Leben lokaler Gemeinschaften leisten können. Es wird aber auch eingeräumt, dass die Geschäftstätigkeit auch negative Effekte in Bezug auf Corporate Governance, Arbeitskräfte, Menschenrechte, Umwelt, Bestechung und Verbraucher*innen haben kann. Im Kontext des Kakaoanbaus beziehen sich diese negativen Effekte auf Kinderarbeit, Zwangsarbeit und Menschenhandel, Entwaldung, Herausforderungen im Zusammenhang mit Armut und angemessenen Löhnen, Leistungen und Arbeitsbedingungen bei der Kakaoverarbeitung oder beim Kakaobohnentransport.

Für viele Unternehmen bedeutet der Begriff „Risiko“ zwar primär Risiken für das Unternehmen selbst – finanzielles Risiko, Marktrisiko, operatives Risiko, Reputationsrisiko usw. Die OECD-Empfehlungen für verantwortungsvolles unternehmerisches Handeln beziehen sich jedoch auf die Wahrscheinlichkeit negativer Effekte auf Menschen, Umwelt oder Gesellschaft, die das Unternehmen verursacht, zu denen es beiträgt oder mit denen es in unmittelbarer Verbindung steht. Anders gesagt, es handelt sich um einen nach außen gerichteten Risikoansatz.

Quelle: OECD (2018[3]), *OECD-Leitfaden für die Erfüllung der Sorgfaltspflicht für verantwortungsvolles unternehmerisches Handeln*, OECD, Paris, http://mneguidelines.oecd.org/OECD-leitfaden-fur-die-erfullung-der-sorgfaltspflicht-fur-verantwortungsvolles-unternehmerisches-handeln.pdf.

Die Verantwortung eines Unternehmens in Bezug auf negative Effekte verstehen

Ein Unternehmen kann negative Effekte entweder *verursachen*, *zu ihnen beitragen* oder durch seine Geschäftsbeziehungen *unmittelbar mit ihnen verbunden sein.* Je nachdem, wie stark der Zusammenhang zwischen dem Unternehmen und den negativen Effekten ist, können die zu ihrer Behebung ergriffenen Maßnahmen variieren. Das Unternehmen kann die Handlungen, die den negativen Effekt verursachen oder dazu beitragen, einstellen oder seine Einflussmöglichkeiten nutzen, um auf die Einheit, die den negativen Effekt verursacht oder dazu beiträgt, einzuwirken (Abbildung 5).

Um Maßnahmen gegen negative Effekte wie Kinder- und Zwangsarbeit konzipieren und umsetzen zu können, ist es unerlässlich, den Zusammenhang zwischen dem Unternehmen und diesen negativen Effekten zu verstehen. Die Unternehmen werden ermutigt, bei Erkenntnissen über einen Zusammenhang mit einem negativen Effekt den OECD-Due-Diligence-Leitfaden zu konsultieren, der nähere Informationen dazu liefert, was es bedeutet, negative Effekte zu verursachen, zu ihnen beizutragen oder unmittelbar mit ihnen verbunden zu sein.

Abbildung 5. Umgang mit potenziellen und tatsächlichen negativen Effekten

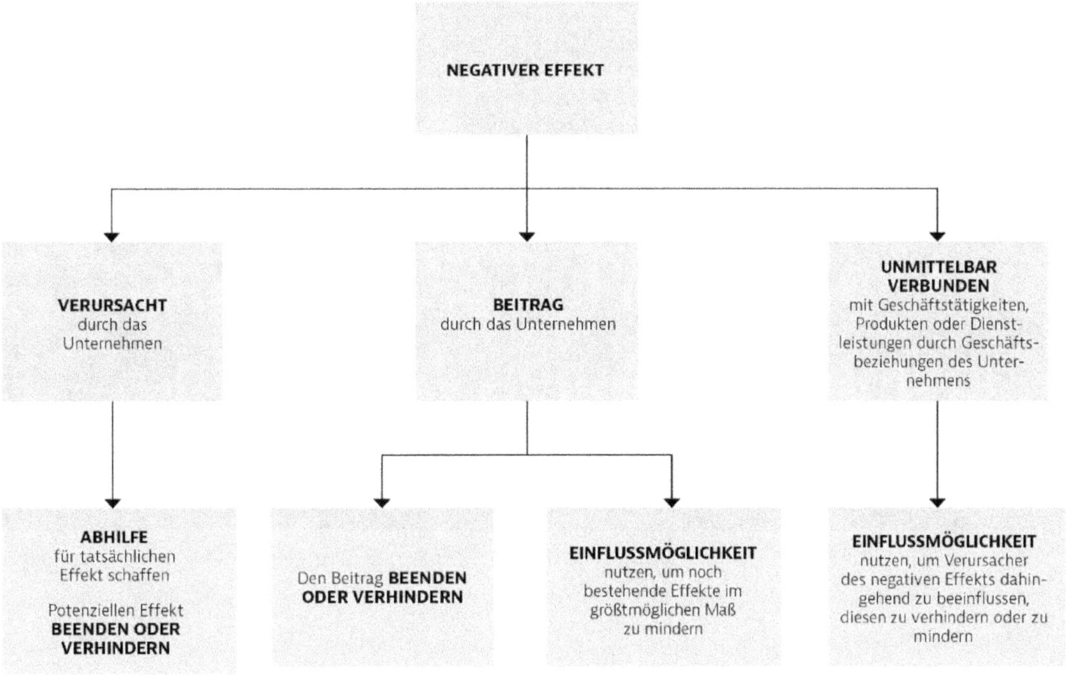

Quelle: OECD (2018[3]), *OECD-Leitfaden für die Erfüllung der Sorgfaltspflicht für verantwortungsvolles unternehmerisches Handeln*, OECD, Paris, http://mneguidelines.oecd.org/OECD-leitfaden-fur-die-erfullung-der-sorgfaltspflicht-fur-verantwortungsvolles-unternehmerisches-handeln.pdf.

Tabelle 1 liefert Beispiele, die veranschaulichen, was dieser Zusammenhang mit dem Schaden für im Kakaosektor tätige Unternehmen in Bezug auf Kinder- und Zwangsarbeit bedeuten kann.

Tabelle 1. Beispiele, die helfen sollen, den Zusammenhang zwischen einem Unternehmen und Situationen von Kinderarbeit und Zwangsarbeit zu definieren

Das Unternehmen ...	Beispiele aus dem Kakaosektor
verursacht (**oder würde**) einen negativen Effekt (**verursachen**), wenn die Aktivitäten des Unternehmens allein ausreichen, um den negativen Effekt auszulösen.	• Ein Unternehmen beschäftigt direkt Kinder unterhalb der hierfür in den nationalen Rechtsvorschriften (oder dem ILO-Übereinkommen Nr. 138) festgelegten Altersgrenze oder setzt Personen unter 18 Jahren für gefährliche Tätigkeiten ein (z. B. Landrodung, Kontakt mit gefährlichen Agrochemikalien, Einsatz scharfer Werkzeuge, Tragen schwerer Lasten usw.).
leistet einen Beitrag (**oder würde einen Beitrag**) zu einem negativen Effekt (**leisten**), wenn seine Aktivitäten in Kombination mit denen anderer Einheiten die Auswirkung verursachen oder wenn die Aktivitäten des Unternehmens es bewirken, begünstigen oder Anreize dafür schaffen, dass eine andere Einheit den negativen Effekt verursacht. Der Beitrag muss erheblich sein, d. h., es darf sich nicht um geringfügige oder unerhebliche Beiträge handeln.	• Ein Kakaohändler ist seit Langem Erstabnehmer von Kakao von einer Genossenschaft, die bekanntermaßen stark auf Kinderarbeit zurückgreift. Bezieht der Händler auch in Zukunft weiterhin Kakao von der Genossenschaft, ohne den Versuch zu unternehmen, seine Einflussmöglichkeit zu nutzen, um die Kinderarbeit zu verhindern oder zu mindern, kann die Auffassung vertreten werden, dass er zur Kinderarbeit beiträgt.
ist (**oder wäre**) direkt mit einem negativen Effekt **verbunden**, wenn zwischen dem negativen Effekt und den Produkten, Dienstleistungen oder Geschäftstätigkeiten des Unternehmens über eine andere Einheit (z. B. eine Geschäftsbeziehung) ein Zusammenhang besteht.	• Eine Rentenversicherung investiert in einen Fonds, der seinerseits in eine Genossenschaft investiert, in der Kinderarbeit festgestellt wurde. Der Pensionsfonds steht aus diesem Grund in einem direkten Zusammenhang mit den negativen Effekten auf die Menschenrechte. • Ein Kakaohändler kauft Waren bei einem landwirtschaftlichen Kleinstbetrieb, der die Löhne seiner Arbeitskräfte während der Erntezeit einbehält. Die Arbeitskräfte können ihre Beschäftigung daher nicht wechseln. • Ein Schokoladenkonfektgeschäft kauft Kakaobohnen bei einer Genossenschaft, in der Kinderarbeit festgestellt wurde.

Quelle: OECD/FAO (2016[2]) *OECD/FAO-Leitfaden für verantwortungsvolle landwirtschaftliche Lieferketten*, http://doi.org/10.1787/9789264261235-de; ILO/IOE (2015[5]), *How to do business with respect for children's right to be free from child labour: ILO-IOE child labor guidance tool for business*, https://www.ilo.org/ipec/Informationresources/WCMS_IPEC_PUB_27555/lang-en/index.htm.

Schritt 1: Verantwortungsvolles unternehmerisches Handeln und Sorgfaltspflichten in Leitlinien und Managementsystemen verankern

Beim ersten Schritt des Due-Diligence-Rahmens der OECD geht es um das Erfordernis solider Unternehmensleitlinien und Managementsysteme. In diesem Kapitel wird erläutert, was dies für Unternehmen bedeutet, die Due-Diligence-Prüfungen in Kakaolieferketten in Bezug auf menschenrechtliche Auswirkungen wie Kinderarbeit und Zwangsarbeit durchführen.

Strategische Fragen für Unternehmen

- Hat Ihr Unternehmen ein Dokument mit Leitlinien veröffentlicht, in dem es sich zu den international anerkannten Menschenrechten einschließlich der Rechte von Kindern und des Rechts auf Freiheit von Zwangsarbeit bekennt?
- Nehmen diese Leitlinien Bezug auf einschlägige internationale Standards der ILO hinsichtlich Kinder- und Zwangsarbeit und enthalten sie eine Verpflichtung, Maßnahmen zur Erfüllung der Sorgfaltspflichten nach dem OECD-Ansatz durchzuführen?
- Wurde diesen Leitlinien auf höchster Unternehmensebene zugestimmt und ist klar, wer für ihre Umsetzung verantwortlich ist?
- Wurde ein Kontroll- und Transparenzsystem entlang der Kakaolieferkette eingerichtet? Dabei kann es sich beispielsweise um eine dokumentengestützte Chain of Custody, ein Rückverfolgungssystem oder ein System zur Ermittlung vorgelagerter Akteure in der Kakaolieferkette handeln.
- Wissen Ihre Zulieferer, was sie tun müssen, um den Leitlinien Ihres Unternehmens in Bezug auf Kinderarbeit, Zwangsarbeit und andere Verstöße gegen die Menschenrechte gerecht zu werden? Finden die Leitlinien Aufnahme in Ihre Verträge und sonstigen schriftlichen Vereinbarungen mit Zulieferern?
- Gibt es ein System, um Beschwerden oder Anliegen, die Kinder- oder Zwangsarbeit betreffen und beispielsweise von Mitarbeiter*innen, Geschäftspartnern oder lokalen Gemeinschaften vorgebracht werden, zu erfassen und auf sie zu reagieren?

Verantwortungsvolles unternehmerisches Handeln und Sorgfaltspflichten in Leitlinien und Managementsystemen verankern

Leitlinien mit eindeutigen Verweisen auf Kinder- und Zwangsarbeit einführen und/oder aktualisieren

- Die Leitlinien Ihres Unternehmens sollten zum Ausdruck bringen, dass es sich zur Bekämpfung von Kinder- und Zwangsarbeit bekennt und die Rechte von Kindern im Einklang mit nationalen und internationalen Standards (z. B. der ILO) sowie den OECD-Empfehlungen zu risikobasierter Due Diligence achtet. Es ist allgemein bekannt, dass es im Kakaosektor zu Kinder- und Zwangsarbeit kommt, doch die Leitlinien können auch andere Menschenrechtsthemen berücksichtigen: Vereinigungsfreiheit, Geschlechtergleichstellung, Gesundheit und Sicherheit von Arbeitskräften, Landzugangs- und andere Landrechte, die nachhaltige Nutzung natürlicher Ressourcen (Land und Wasser) oder auch den Schutz von Wäldern und der biologischen Vielfalt (OECD/FAO, 2016[2]).
- Die Unternehmen werden aufgerufen, die Einhaltung ihrer Leitlinien entlang der gesamten Lieferkette bis hin zu den landwirtschaftlichen Betrieben einzufordern.
- Die Standards sollten für alle Menschen gleichermaßen gelten.
- Die Leitlinien sollten die Zustimmung der obersten Hierarchieebene des Unternehmens haben und regelmäßig überarbeitet werden, damit sie neuen Risiken im Kakaogeschäft, in der Lieferkette und bei anderen Geschäftsbeziehungen des Unternehmens Rechnung tragen. Eine Überarbeitung könnte z. B. wegen Veränderungen der Beschaffungsgebiete, neuer Menschenrechtsrisiken in der Kakaolieferkette oder auch sich verändernder internationaler Standards und nationaler Rechtsvorschriften erforderlich sein.[6]
- Die Leitlinien können auch eine Zusage enthalten, mit Landwirt*innen und deren Gemeinschaften, Regierungen, der Zivilgesellschaft und anderen maßgeblichen Stakeholdern zusammenzuarbeiten, um die eigentlichen Ursachen von Kinder- und Zwangsarbeit gemeinsam anzugehen.

Interne Managementsysteme und die Personalausstattung strukturell auf die Erfüllung der Sorgfaltspflichten ausrichten

Auf der Grundlage der Unternehmensleitlinien kann die Erfüllung der Sorgfaltspflichten durch interne Managementsysteme und die Personalausstattung unterstützt werden, indem beispielsweise

- das Engagement der Unternehmensführung konkretisiert wird und Schulungen und Programme finanziert werden, die menschenrechtliche Risiken und Auswirkungen wie Kinderarbeit und Zwangsarbeit behandeln,
- die Kapazitäten von Zulieferern und KMU für effektive Maßnahmen zur Erfüllung der Sorgfaltspflichten gestärkt werden, damit sie menschenrechtliche Risiken und Auswirkungen wie Kinderarbeit und Zwangsarbeit bekämpfen können,
- die Belegschaft Schulungen zum Thema Kinder- und Zwangsarbeit erhält, um darüber aufgeklärt zu werden, wie diesen negativen Effekten am besten entgegengewirkt werden kann.

Ein Kontroll- und Transparenzsystem entlang der Lieferkette einrichten

Um tatsächliche und potenzielle negative menschenrechtliche Auswirkungen wie Kinderarbeit und Zwangsarbeit in Lieferketten hinreichend zu erfassen und angemessen zu bekämpfen, empfiehlt die OECD vor- wie nachgelagerten Unternehmen, ein Kontroll- und Transparenzsystem entlang der Lieferkette zu schaffen. Die Ausgestaltung eines solchen Systems hängt davon ab, auf welcher Stufe der Lieferkette das betreffende Unternehmen tätig ist und welche Möglichkeiten es hat, die Lieferkette zu beobachten und zu beeinflussen.

Ein Kontrollsystem kann mithilfe einer dokumentengestützten Chain of Custody (die beispielsweise das Alter der Arbeitskräfte dokumentiert) oder eines Rückverfolgungs-/Zertifizierungssystems eingerichtet werden. Diese Systeme und ihre Einbettung in die Managementsysteme des Unternehmens sollten in den Unternehmensleitlinien erläutert werden. Zu beachten ist, dass Zertifizierungssysteme Due-Diligence-Maßnahmen zwar unterstützen können, aber nicht ersetzen sollten. Sie entbinden Unternehmen nicht von ihrer Verantwortung für die Erfüllung der Sorgfaltspflichten.

*Die Leitlinien veröffentlichen und allen Mitarbeiter*innen, Zulieferern, Geschäftspartnern und maßgeblichen Stakeholdern zur Kenntnis bringen*

Beschäftigte und Geschäftspartner – Landwirt*innen sowie Händler, Verarbeiter, Exporteure und Importeure von Kakaobohnen – sollten umfassend über die Leitlinien informiert werden. Als weitere maßgebliche Stakeholder kommen auch Branchen- oder Multi-Stakeholder-Initiativen, Nationalregierungen und Regionalverwaltungen in den Erzeugerländern, NRO vor Ort sowie Organisationen der lokalen Gemeinschaften infrage. Folgende Maßnahmen werden den Unternehmen empfohlen:

- Gewährleisten, dass Mitarbeiter*innen und Zulieferer in ihrer Kakaolieferkette ein grundlegendes Verständnis der Menschenrechte und insbesondere ihrer Verletzungen durch Kinder- und Zwangsarbeit haben, die sektor- und themenspezifischen Indikatoren zur Bewertung dieser Risiken und Auswirkungen in der Lieferkette kennen, und wissen, wie sie die Unternehmensleitung gegebenenfalls auf solche negativen Effekte aufmerksam machen können.
- Die Leitlinien mit wirtschaftlichen Argumenten untermauern, indem die Zuständigkeiten der einzelnen Abteilungen präzisiert sowie Maßnahmen mit rechtlichen Vorgaben und Kundenanforderungen verknüpft werden; die Zuständigkeiten für die Umsetzung der Leitlinien den maßgeblichen Abteilungen zuweisen, z. B. der Rechts-, der Beschaffungsabteilung und den Abteilungen für Stakeholder- und Lieferantenbeziehungen sowie für Öffentlichkeitsarbeit.
- Eine interne Berichtsstruktur entwickeln, kommunizieren und dauerhaft einrichten, die an zentralen Schnittstellen des Unternehmens ansetzt. Funktionsübergreifende Gruppen können in Bezug auf

Risiken und tatsächliche Auswirkungen sowie die Fortschritte des Unternehmens bei der Erfüllung seiner Sorgfaltspflichten in der Kakaolieferkette Informationen teilen und gemeinsame Entscheidungen treffen.

Erwartungen im Hinblick auf Sorgfaltspflichten in Lieferverträge und andere schriftliche Vereinbarungen aufnehmen

- Bestimmungen zu Kinder- und Zwangsarbeit sowie anderen relevanten menschenrechtlichen Risiken in Lieferverträge, Verhaltenskodizes für Lieferanten und andere schriftliche Vereinbarungen aufnehmen. Das Unternehmen sollte klar kommunizieren und gegebenenfalls vertraglich festschreiben, was es von seinen Vertragspartnern erwartet und welche Strafen bei Verstößen vorgesehen sind. Die Leitlinien sollten übersetzt und den Lieferanten und Geschäftspartnern in deren Sprachen zur Verfügung gestellt werden.
- Deutlich machen, dass von den Zulieferern erwartet wird, die Unternehmensleitlinien entlang der Lieferkette an vorgelagerte Unternehmen weiterzugeben und ein Kontroll- und Transparenzsystem einzurichten. Im Rahmen eines Lieferantentags können Sorgfaltsanforderungen kommuniziert und vorbildliche Betriebe vorgestellt werden, um Lernprozesse zu fördern.
- Zulieferer gegebenenfalls vertraglich verpflichten, unangekündigte Betriebsbesichtigungen zu akzeptieren oder am Kontrollsystem des Unternehmens teilzunehmen, wenn das Risiko von Kinder- oder Zwangsarbeit besteht.
- Zulieferer – insbesondere KMU – in der Umsetzung risikobasierter Due Diligence zur Bekämpfung negativer Effekte, vor allem Kinder- und Zwangsarbeit, schulen. Unter anderem bestehen folgende Möglichkeiten: Lieferanten auf dieses Handbuch hinweisen, einen standardisierten Rahmen für Berichte über Risiken und tatsächliche Auswirkungen entwickeln, Beispiele für Leitlinien gegen Kinder- und Zwangsarbeit bereitstellen und die Lieferanten bei der Verbesserung von Altersüberprüfungs- und anderen Bewertungssystemen zur Einhaltung von Vorschriften unterstützen.
- Hindernisse bei der Umsetzung von Due-Diligence-Maßnahmen in Zusammenarbeit mit den Zulieferern abbauen, z. B. durch einen höheren Anteil an direkt bezogenem Kakao oder mithilfe nationaler Rückverfolgungssysteme, die bei indirekt bezogenem Kakao die Transparenz verbessern.

Kasten 3. Empfehlungen für KMU

- Konsultieren Sie bei der Entwicklung von Leitlinien zur Erfüllung der Sorgfaltspflichten lokale Arbeitgeber- und Branchenverbände sowie Multi-Stakeholder-Initiativen, da diese möglicherweise gute Praktiken empfehlen können. Viele dieser Informationen sind öffentlich verfügbar.
- Arbeiten Sie mit ähnlich aufgestellten Unternehmen und anderen Organisationen im Kakaosektor zusammen, die helfen können, Stakeholder vor Ort oder auf internationaler Ebene einzubinden sowie Belegschaft und Lieferanten in Due Diligence zu schulen, insbesondere in Bezug auf das Risiko von Kinder- oder Zwangsarbeit.
- Prüfen Sie frei zugängliche Ressourcen, die internationale Organisationen wie die OECD und die ILO oder auch das Kinderhilfswerk (UNICEF) und die Ernährungs- und Landwirtschaftsorganisation (FAO) der Vereinten Nationen über Kinderarbeit und die Möglichkeiten zur Bekämpfung dieser Risiken bereitstellen.
- Ernennen Sie eine für Menschenrechte zuständige Person, selbst wenn es sich nicht um eine Vollzeitstelle handelt. Einfachere Hierarchien und die Vermeidung siloartiger Strukturen bergen Vorteile für kleinere Unternehmen. Sie erleichtern insbesondere die funktionsübergreifende Koordinierung und die direkte Einbindung hochrangiger Entscheidungsträger*innen.

Schritt 2: Die Risiken von Kinder- und Zwangsarbeit in der Lieferkette ermitteln, bewerten und priorisieren

Im Einklang mit Schritt 2 des Due-Diligence-Rahmens der OECD wird in diesem Kapitel erläutert, wie Unternehmen ein Gesamtbild ihrer Kakaolieferkette erstellen können, um potenzielle und tatsächliche negative Auswirkungen auf die Menschenrechte, wie Kinder- und Zwangsarbeit, zu ermitteln, zu bewerten und zu priorisieren.

Strategische Fragen für Unternehmen

- Haben Sie ein Mapping Ihrer Kakaolieferkette erstellt, um Ihre wichtigsten Geschäftsbeziehungen zu ermitteln?
- Kennen Sie die genauen Bedingungen, unter denen Ihre Kakaobohnen/gemahlenen Bohnen geerntet, verarbeitet und transportiert werden?
- Haben Sie die Risikomanagementpraktiken der Zulieferer in der Kakaolieferkette überprüft, bei denen das Risiko von Kinder- und Zwangsarbeit besteht?
  - Für **Hersteller, Marken, Einzelhändler (und in manchen Fällen Verarbeiter)**: Haben Sie die „Kontrollpunkte" in der Kakaolieferkette ausfindig gemacht? Können Sie an diese Kontrollpunkte herantreten, um zu überprüfen, ob sie die Sorgfaltspflichten gemäß den OECD-Empfehlungen erfüllen?
  - Für **Verarbeiter (falls zutreffend), Händler, Vertreiber, Transporteure, landwirtschaftliche Betriebe und Genossenschaften:** Wissen Sie, woher Ihre Kakaobohnen und Rohstoffe über Ihren unmittelbaren Zulieferer hinaus stammen – z. B. aus welchen Ländern, von welchen landwirtschaftlichen Betrieben, von welchen Zwischenhändlern?
- Erfolgt die nach der Ermittlung der Risiken durchgeführte Bewertung und Priorisierung der negativen Auswirkungen auf die Menschenrechte auf Basis der Wahrscheinlichkeit und des Schweregrads oder wird der Schwerpunkt darauf gelegt, welche Auswirkungen sich am einfachsten beheben lassen?
- Bezieht Ihr Unternehmen relevante Akteure ein, um den lokalen Kontext und die Rolle dieser Akteure bei der Ermittlung und Bewertung von menschenrechtlichen Risiken, wie insbesondere Kinder- und Zwangsarbeit, zu verstehen?

Tatsächliche und potenzielle negative menschenrechtliche Auswirkungen im Zusammenhang mit Geschäftstätigkeiten, Produkten oder Dienstleistungen des Unternehmens ermitteln und bewerten

Ein Mapping der Lieferkette erstellen

Unternehmen sollten ein präzises Mapping der Lieferkette erstellen und dieses fortlaufend verbessern und vervollständigen. Ein derartiges präzises Mapping umfasst die verschiedenen beteiligten Akteure und gegebenenfalls auch die Namen der unmittelbaren Zulieferer und Geschäftspartner sowie der Standorte.

Das Mapping kann durch Daten und Informationen aus Zertifizierungs- und Rückverfolgungssystemen, Unternehmenszertifizierungen, öffentlich zugänglichen Zusammenfassungen von Auditberichten und Besuchsregistern von Standorten der Kakaoproduktion, -verarbeitung oder -lagerung ergänzt werden. Der Umfang der von Unternehmen über Geschäftspartner erfassten Informationen hängt vom Schweregrad der Risiken (hoch im Fall von Kinder- und Zwangsarbeit) und dem Zusammenhang zwischen dem Unternehmen und dem ermittelten Risiko ab.

Vorgelagert vs. nachgelagert: In den OECD-Empfehlungen zur Erfüllung der Sorgfaltspflichten in der Lieferkette werden entlang der Lieferkette tätige Unternehmen im Allgemeinen in vorgelagerte und nachgelagerte Unternehmen unterteilt. Im Agrarsektor werden Produktionsunternehmen als vorgelagerte Unternehmen betrachtet. Wie bereits erwähnt, handelt es sich dabei u. a. um landwirtschaftliche Unternehmen (einschl. kleiner bis großer Familienbetriebe), Bauernverbände (oder -vereinigungen), Genossenschaften und private Unternehmen sowie Unternehmen, die in Land investieren und das Management landwirtschaftlicher Betriebe oder Plantagen übernehmen. Alle anderen Unternehmen – Großhändler, Händler, Transportunternehmen, Lebensmittel-, Futtermittel- und Getränkehersteller, Textil- und Biokraftstoffhersteller sowie Einzelhändler und Supermärkte – gelten als Unternehmen im nachgelagerten Segment der Lieferkette.[7] Diese Unterscheidung trifft möglicherweise nicht auf alle Unternehmen im Kakaosektor zu. Während Landwirt*innen und Genossenschaften im Allgemeinen als vorgelagerte Akteure und Hersteller, Marken und Einzelhändler als nachgelagerte Akteure betrachtet werden, können Verarbeiter (Veredler und Mahler), Händler, Vertreiber und Transporteure je nach Geschäftsmodell und Standort manchmal der einen oder der anderen dieser Kategorien zugeordnet werden. In diesem Handbuch sind die verschiedenen Arten von Unternehmen aufgeführt, für die die Empfehlungen gelten.

Nachgelagerte Unternehmen (wie z. B. Hersteller, Marken und Einzelhändler sowie in einigen Fällen Verarbeiter), die mehrere Stufen von der Quelle der Kakaoproduktion entfernt sind, sind anfangs möglicherweise nicht in der Lage, ein Mapping aller Zulieferer und Geschäftspartner zu erstellen. Hierfür kann es erforderlich sein, mit den Tier-1- und Sub-Tier-Zulieferern sowie mit Multi-Stakeholder- oder Brancheninitiativen zusammenzuarbeiten. Nachgelagerte Unternehmen sollten systematisch darum bemüht sein, sich ein vollständiges Bild ihrer Geschäftsbeziehungen zu verschaffen, mit prioritärem Blick auf den Kakao aus Ländern, Regionen und Gemeinden, in denen das Risiko von Kinderarbeit und/oder Zwangsarbeit am höchsten ist.

- **Landwirtschaftliche Betriebe und Genossenschaften** sollten in der Lage sein, den Namen der produzierenden Einheit und/oder Genossenschaft, die Adresse und Bezeichnung des Standorts, die Kontaktdaten der Betriebsleitung, die Kakaomenge, die Herstellungsdaten und -methoden, die Zahl der Beschäftigten nach Alter und Geschlecht, eine Liste der Risikomanagementpraktiken, die Transportwege und die durchgeführten Risikobewertungen anzugeben.
- **Verarbeiter, Transporteure, Händler und Vertreiber** können die oben genannten Informationen von den Erzeugern anfordern und sollten ähnliche Informationen für ihre eigene Geschäftstätigkeit liefern. Wenn entsprechende Informationen fehlen, sollten Anstrengungen unternommen werden, um diese in Zusammenarbeit mit den landwirtschaftlichen Betrieben und Genossenschaften zusammenzutragen. Die Überprüfung der Informationen sollte nach Möglichkeit durch Besuche vor Ort erfolgen. Mehrere große Kakaohändler nutzen die GPS-Technologie (Global Positioning System), um die Koordinaten von landwirtschaftlichen Betrieben und Genossenschaften in Hochrisikoländern zu ermitteln. Nach abgeschlossenem Mapping können diese Informationen genutzt werden, um auf regionaler und kommunaler Ebene spezifischere Risikofaktoren für Kinderarbeit und Zwangsarbeit sowie andere bedeutende Risiken, wie Entwaldung, zu erkennen.
- **Hersteller, Marken und Einzelhändler** sollten die von den vorgelagerten Geschäftspartnern weitergegebenen Informationen in ihr Lieferkettenmapping einbeziehen. Die nachgelagerten Unternehmen sollten die an Kontrollpunkten der Lieferkette tätigen Unternehmen ausfindig machen und mit ihnen zusammenarbeiten, um zu überprüfen, ob diese Unternehmen ihre Sorgfaltspflichten im Einklang mit den OECD-Empfehlungen erfüllen.

Kontrollpunkte sind Unternehmen, die an wichtigen Transformationspunkten in der Lieferkette, wie beispielsweise Verarbeitung, tätig sind und mehr Einblick sowie größere Einflussmöglichkeiten gegenüber ihren vorgelagerten Zulieferern in der Lieferkette haben.[8] Kontrollpunkte befinden sich in der Regel in dem Teil der Lieferkette, in dem relativ wenige Akteure die größte Menge eines bestimmten Rohstoffs verarbeiten. Sie haben einen guten Einblick in die Herstellungs- und Handelsbedingungen in der vorgelagerten Lieferkette. Bei den Kontrollpunkten in der Kakaolieferkette kann es sich um Händler, Kakaomahler, Exporteure oder Importeure handeln.

Risiken und Effekte in jedem Teil der Lieferkette ermitteln

Nach dem Mapping der Lieferkette sollten die Unternehmen die wichtigsten menschenrechtlichen Risiken und Auswirkungen entlang der Lieferkette ermitteln. Abbildung 6 enthält ein vereinfachtes Schema der Kakaolieferkette und veranschaulicht die Stellen in der Lieferkette, an denen menschenrechtliche Risiken, wie Kinderarbeit und Zwangsarbeit, in der Regel auftreten.

Abbildung 6. Menschenrechtliche Risiken in der Kakaolieferkette

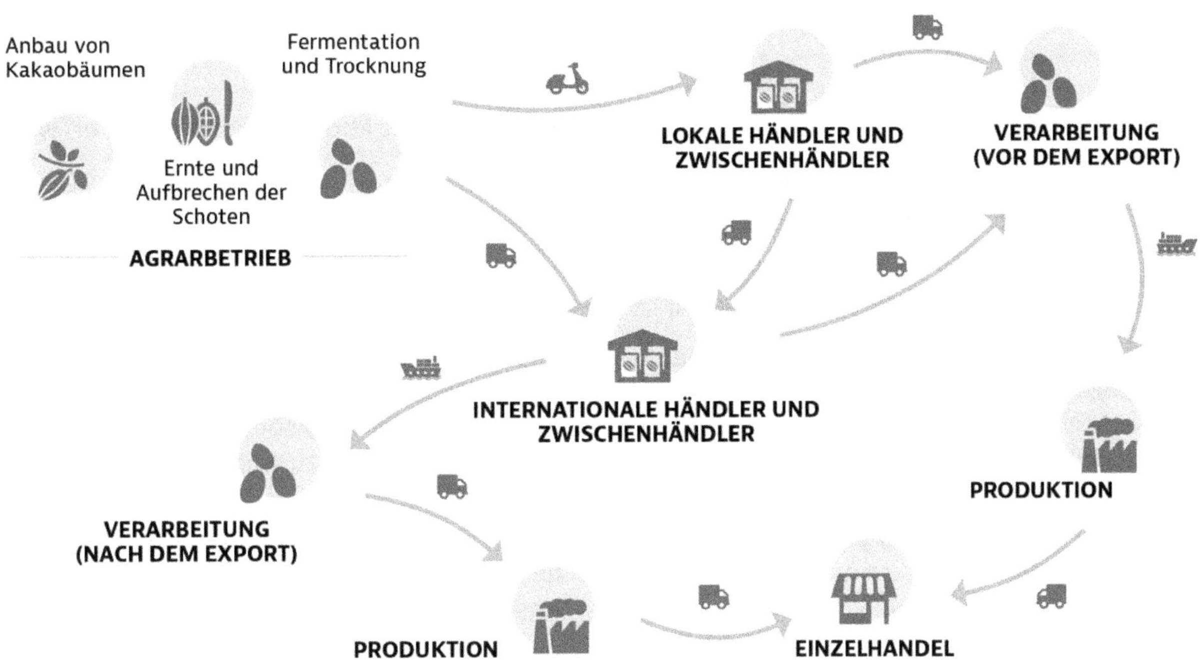

AGRARBETRIEB

- Kinderarbeit
- Einkommen unter Existenzminimum
- Geschlechtsspezifische Diskriminierung
- Landrechtsverletzungen
- Sicherheit und Gesundheit am Arbeitsplatz
- Vereinigungsfreiheit
- Zwangsarbeit und Menschenhandel

LOKALE TRANSPORTWEGE

- Arbeitsbedingungen
- Zu lange Arbeitszeiten
- Sicherheit und Gesundheit am Arbeitsplatz

VERARBEITUNG

- Löhne unter Mindestlohn
- Vereinigungsfreiheit
- Arbeitsbedingungen
- Diskriminierung

VERSCHIFFUNG

- Arbeitsbedingungen
- Zu lange Arbeitszeiten
- Sicherheit und Gesundheit am Arbeitsplatz
- Zwangsarbeit (über die vereinbarte Zeit hinaus)

PRODUKTION

- Vereinigungsfreiheit
- Zu lange Arbeitszeiten
- Diskriminierung

EINZELHANDEL

- Vereinigungsfreiheit
- Zu lange Arbeitszeiten
- Arbeitsbedingungen

Quelle: Nach UNICEF (2018[24]), *Children's Rights in the Cocoa-Growing Communities of Côte d'Ivoire: Synthesis Report*, https://sites.unicef.org/csr/css/synthesis-report-children-rights-cocoa-communities-en.pdf; Fountain, A. und F. Hütz-Adams (2020[25]), *Cocoa Barometer 2020*, https://www.cocoainitiative.org/knowledge-hub/resources/2020-cocoa-barometer.

Dieser Schritt der Due-Diligence-Prüfung kann durchgeführt werden anhand von Berichten über den Kakaosektor und die Lieferkette, Informationen von Zulieferern und Branchenverbänden, Multi-Stakeholder-Initiativen, Enthüllungsreportagen von NRO und internationalen Organisationen über Situationen von Kinderarbeit und Zwangsarbeit sowie unternehmenseigenen Analysen des Sektors und aktueller Menschenrechtsthemen.

Risiken und Situationen von Kinder- und Zwangsarbeit in Kakaolieferketten bewerten

Wenn die globalen menschenrechtlichen Risiken und Situationen entlang der Lieferkette ermittelt sind, können Unternehmen eine detailliertere Bewertung der Risiken und Situationen von Kinderarbeit und Zwangsarbeit vornehmen.

Bei der Durchführung einer Risikobewertung ist es wichtig

- jede Stufe des Produktions- und Handelsprozesses regelmäßig zu überprüfen und neue bzw. sich abzeichnende Trends zu analysieren, insbesondere die Ursachen von Kinderarbeit und Zwangsarbeit in der Region, die Art und Größe der landwirtschaftlichen Betriebe sowie die politischen, rechtlichen, wirtschaftlichen, sozialen oder kontextuellen Faktoren, die zu Kinderarbeit und Zwangsarbeit führen können.
- mit lokalen Behörden und Stakeholdern vor Ort zusammenzuarbeiten, um die Risikobewertung und das Monitoring auf der Ebene der landwirtschaftlichen Betriebe zu fördern.
- Systeme einzuführen, wie z. B. das System zur Überwachung und Behebung von Kinderarbeit (Child Labour Monitoring and Remediation Systems – CLMRS), um Kinderarbeit und Zwangsarbeit zu verhindern, zu erkennen und zu beseitigen, und den zuständigen oberen Führungskräften über die Ergebnisse Bericht zu erstatten.

Unternehmen, die im Kakaosektor tätig sind, sind eher in der Lage, Kinderarbeit und Zwangsarbeit als schwere Menschenrechtsverletzungen auf der Ebene der landwirtschaftlichen Betriebe zu erkennen. Das CLMRS ist ein Instrument, das (zusätzlich zu Verhinderungs- und Behebungsmaßnahmen) helfen kann, Risiken genauer zu ermitteln und zu bewerten. CLMRS-Programme setzen auf sogenannte Community-Multiplikatoren (oft sind es Einheimische der Kakaoregionen, die selbst Kakaoanbauer*innen sind), die mit Kakaoanbaugenossenschaften in Verbindung stehen. Sie gehen in die Haushalte, sensibilisieren für die Gefahren von Kinderarbeit und finden heraus, welche Kinder gefährliche Arbeiten verrichten. Kasten 4 enthält nähere Informationen zu CLMRS.

Kasten 4. In welchen Bereichen der risikobasierten Due-Diligence-Prüfung kann das Programm zur Überwachung und Behebung von Kinderarbeit (CLMRS) eingesetzt werden?

Das CLMRS kann ein hilfreiches Instrument sein, um die menschenrechtlichen Sorgfaltspflichten in Bezug auf Kinderarbeit wahrzunehmen. Das Konzept wurde ursprünglich von der ILO entwickelt, um Kinderarbeit in einer Vielzahl von geografischen Kontexten entlang von Lieferketten zu überwachen. 2012 passte die International Cocoa Initiative (ICI) das CLMRS an den Kakaosektor an. Heute wird das CLMRS von vielen Unternehmen verwendet.

Einer vor Kurzem veröffentlichten Benchmark-Studie zufolge sollte ein effektives CLMRS (ICI, 2021[26]) vier Kernfunktionen erfüllen:

- das Bewusstsein von Landwirt*innen, Kindern und Mitgliedern der betroffenen Gemeinschaft für Kinderarbeit und die daraus resultierenden Schäden schärfen
- Fälle von Kinderarbeit durch aktives Monitoring unter Verwendung standardisierter Datenerhebungsinstrumente aufdecken
- Präventions- und Behebungsmaßnahmen für Kinder ergreifen, die von Kinderarbeit bedroht

oder betroffen sind, und die erbrachten Leistungen dokumentieren
- Folgebesuche bei Kindern, die Opfer von Kinderarbeit sind, durchführen, um ihren Status regelmäßig zu verfolgen, bis sie aus der Kinderarbeit befreit sind

Abbildung 7. Das ICI-System zur Überwachung und Behebung von Kinderarbeit (CLMRS)

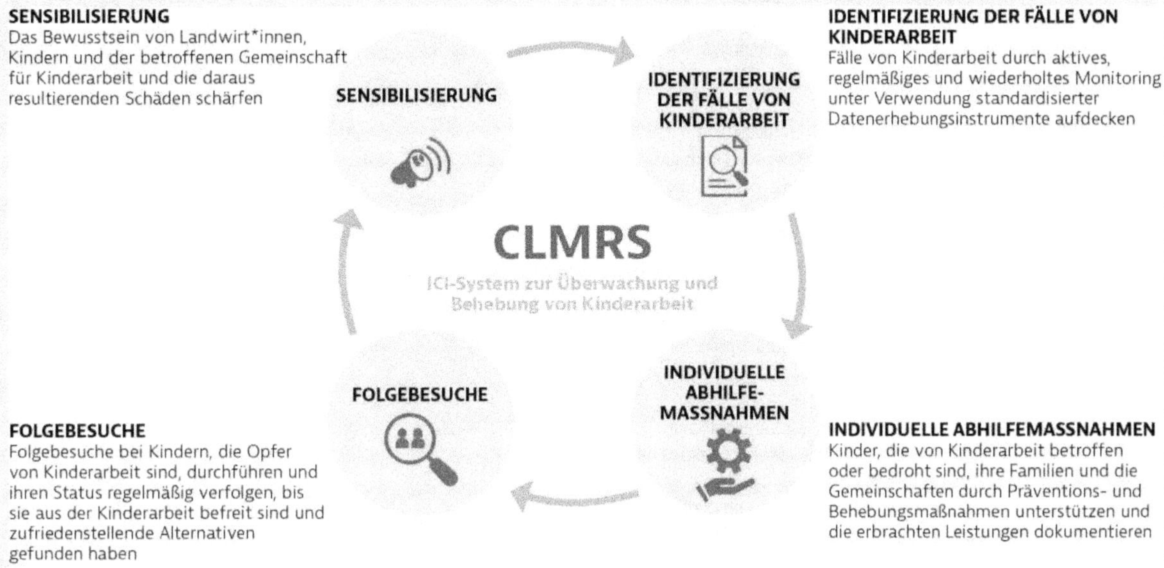

Anmerkung: Wegen näherer Einzelheiten vgl. den Abschnitt *Ausmaß und Wirkung der Bekämpfung von Kinderarbeit und Zwangsarbeit durch Zusammenarbeit steigern:* Gegebenenfalls Abhilfe leisten oder dabei kooperieren.
Quelle: Nach ICI (o. J.[27]), „Child Labour Monitoring and Remediation Systems: Introduction", https://clmrs.cocoainitiative.org/introduction.

Ressourcen zur Unterstützung von Unternehmen bei der Bewertung von Risiken und Situationen von Kinder- und Zwangsarbeit

Es gibt zahlreiche nützliche Ressourcen, um Unternehmen bei der Bewertung von Risiken und Situationen von Kinder- und Zwangsarbeit zu unterstützen. Tabelle 2 kann als Leitfaden genutzt werden, um Unternehmen bei der Bewertung des mit bestimmten Indikatoren verbundenen Risikoniveaus von Kinder- und Zwangsarbeit zu helfen.

Tabelle 2. Kriterien und Risikoindikatoren zur Bewertung von Kinder- und Zwangsarbeit bei der Beschaffung von Kakao

Kriterium	Indikatoren	Mögliche Fragen	Datenquellen
Entwicklungskontext des Landes oder der Region der Kakaobeschaffung	**Wirtschaftliche Indikatoren** • Hohe Armuts- und Arbeitslosigkeitsquoten; starke Verbreitung informeller Beschäftigung • Der Mindestlohn für landwirtschaftliche Arbeitskräfte (insbesondere im Kakaosektor) wird nicht ausgezahlt oder ist unangemessen • Klimarisiken, die die Produktivität landwirtschaftlicher Betriebe beeinträchtigen, die Einnahmen schmälern und das Einkommensniveau senken können (Armut)	• Aus welchen Ländern bezieht das Unternehmen Kakao? Wird in jedem Land der Mindestlohn gezahlt? Falls Angaben verfügbar sind, wie hoch ist der existenzsichernde Mindestlohn in den einzelnen Ländern? • Ist die kleinbäuerliche Landwirtschaft ein wichtiger Teil der Wirtschaft? • Wie operationell sind Genossenschaften und Registrierungssysteme für Landwirt*innen? Vertreten sie die Interessen der Landwirt*innen wirksam?	• Index der menschlichen Entwicklung des Entwicklungsprogramms der Vereinten Nationen (UNDP) • UNICEF-Länderstatistiken • Children's Rights and Business Atlas • Länderprofile der Weltbank • GMAP-Datenbank der Internationalen Finanz-Corporation (Weltkarte der ökologischen und sozialen Risiken in der Agrarrohstoffproduktion)

Kriterium	Indikatoren	Mögliche Fragen	Datenquellen
	Soziale und kontextuelle Indikatoren • Geschlechterungleichheit als fest verankerte gesellschaftliche Norm • Existenz und Merkmale von ethnischer und religiöser Diskriminierung • Prozentsatz der Kinder, die die Sekundarschule besuchen, im Vergleich zu den Kindern, die keine Schule besuchen • Angebot und Qualität einer unentgeltlichen öffentlichen Schulbildung. Probleme, die den Zugang zu Bildung beeinträchtigen können (z. B. Preis der Uniformen, Lehr- und Lernmittel, Schreibwaren, Gehaltszulagen für Lehrkräfte, Internatsgebühren usw.), informelle Gebühren (z. B. Bestechungsgelder), Gewalt in Schulen, Mangel an Wasser- und Sanitärversorgung, kulturelle Normen und Geschlechterdiskriminierung • Organisationsniveau der Landwirt*innen und Verbreitung funktionaler und effektiver Kakaogenossenschaften, die die Landwirt*innen vertreten und unterstützen • Arbeitsmarktmerkmale: Verfügbarkeit erwachsener Arbeitskräfte, Einsatz von Tages- oder Saisonarbeitskräften, Präsenz von Wanderarbeiter*innen	• In welchen Regionen und Bezirken besteht in diesen Ländern das höchste Risiko von Kinder- und Zwangsarbeit?	• ILO-IPEC Länder-Dashboard-Datenbank • FAO-Wissensplattform „Landwirtschaftliche Familienbetriebe" • Kakao-Barometer • Berichte des US-Außenministeriums über Menschenrechte und über Kinder- und Zwangsarbeit (Länder und Warenliste) • Walk Free's Global Slavery Index • Nationale Datenbanken lokaler Agrar-, Arbeits- oder Bildungsministerien • IOM-Migrationsdatenportal • Living Income Community of Practice von GIZ/ISEAL/ Sustainable Food Lab
Internationaler Rahmen (Rechts- und Politikrahmen)	• Annahme wichtiger internationaler Rahmenwerke und Ratifikation internationaler Übereinkommen	• Wurden internationale und regionale Instrumente zur Zwangsarbeit ratifiziert? • Wurden internationale und regionale Instrumente zur Kinderarbeit ratifiziert?	• ILO-Informationssystem zu internationalen Arbeitsnormen (NORMLEX) • Datenbank des ILO Forced Labour Observatory • Children's Rights and Business Atlas
Nationales Regulierungsumfeld (Rechts- und Politikrahmen)	• Nationales Regulierungsumfeld • Solidität der staatlichen Einrichtungen und Durchsetzungsmechanismen in Bezug auf Kinder- und Zwangsarbeit • Verfügbarkeit sozialer Dienstleistungen • Vereinigungsfreiheit und Tarifverhandlungsrechte im Arbeitsrecht • Robuste Governance der Arbeitsmigration • Robuste Landrechte, die den besonderen Bedürfnissen von Frauen, Migrant*innen und anderen Bevölkerungsgruppen Rechnung tragen • Garantien und Schutzmechanismen für die Rechte indigener Bevölkerungsgruppen sowie ethnischer und/oder religiöser Minderheiten • Bestimmungen oder Politikrahmen, wie nationale Aktionspläne für Unternehmen und Menschenrechte und/oder Maßnahmen zur Erfüllung der menschenrechtlichen Sorgfaltspflichten sowie Unterstützung von Unternehmen bei der Umsetzung verantwortungsvollen unternehmerischen Handelns	• Was sieht die nationale Gesetzgebung in Bezug auf Kinderarbeit vor, insbesondere, was die verschiedenen Wirtschaftszweige und Altersgruppen betrifft? Sind die Bestimmungen für alle Geschlechter gleich? • Welche Tätigkeiten sind im Land als gefährliche Arbeiten für Kinder definiert? • Was sieht das nationale Recht in Bezug auf Zwangsarbeit und Menschenhandel vor? • Bestehen Unterschiede zwischen nationalen und internationalen Standards bezüglich Kinderarbeit? • Bestehen Unterschiede zwischen nationalen und internationalen Standards bezüglich Zwangsarbeit? • Wie wird das Gesetz über Kinderarbeit im Land durchgesetzt? Gibt es einen nationalen Aktionsplan zur Bekämpfung von Kinderarbeit? Oder ist das Land Pathfinder-Land im Rahmen der Alliance 8.7?	• ILO-IPEC Länder-Dashboard-Datenbank • Datenbank des ILO Forced Labour Observatory • Fortschrittsberichte der Alliance 8.7-Pathfinder-Länder zu Zwangsarbeit und Kinderarbeit der • Berichte des US-Arbeitsministeriums über Kinderarbeit und Zwangsarbeit, die Informationen zu Durchsetzungsmechanismen und behördenübergreifenden Mechanismen enthalten. • UNICEF-Länderstatistiken • Children's Rights and Business Atlas • Nationale Rechtsvorschriften, Nationale Aktionspläne für Wirtschaft und Menschenrechte, Nationale Aktionspläne zur Kinderarbeit, staatliche Datenbanken • Knowledge Hub der International Cocoa Initiative

Kriterium	Indikatoren	Mögliche Fragen	Datenquellen
		• Wie wird das Gesetz über Vereinigungs- und Tarifverhandlungsfreiheit im Land durchgesetzt? • Wie wird das Gesetz über Zwangsarbeit und Menschenhandel im Land durchgesetzt? Gibt es einen Nationalen Aktionsplan? • Verfügt das Land über einen verlässlichen und nachhaltigen Mechanismus zum Monitoring von Kinderarbeit? Ist dieser Mechanismus branchenübergreifend? • Gibt es im Land einen verlässlichen und nachhaltigen Mechanismus für den Umgang mit arbeitsbezogenen Konflikten? Funktioniert dieser richtig, d. h., wurden die in den letzten zwölf Monaten eingegangenen Beschwerden effektiv bearbeitet?	• Interviews mit zivilgesellschaftlichen Organisationen und staatlichen Stellen vor Ort
Risikoindikatoren für Kinderarbeit	Prävalenzdaten zu Kinderarbeit sind der beste Indikator für die Wahrscheinlichkeit von Kinderarbeit. Wenn keine Daten zur Prävalenz von Kinderarbeit vorliegen oder diese Daten nicht nach den einzelnen Regionen, Bauernvereinigungen oder Gemeinschaften aufgeschlüsselt sind, können Faktoren, die bekanntermaßen mit einer höheren Prävalenz von Kinderarbeit korrelieren, Aufschluss darüber geben, wo die Risiken u. U. höher sind. **Auf der Ebene der Gemeinschaften:** • Begrenzter Zugang zu einer hochwertigen Bildung (u. a. niedriges Bildungsniveau, hohe Schüler/Lehrer-Quote, Fehlzeiten von Lehrkräften, gewalttätige Lehrkräfte, keine Kantine, fehlende Schultoiletten) • Begrenzter Zugang zu Trinkwasser, Sanitäreinrichtungen, Strom und Gesundheitsversorgung • Geringes Empowerment von Frauen • Keine landwirtschaftlichen Verbände, wie Genossenschaften • Beschränkter Zugang zu erwachsenen Arbeitskräften • Erreichbarkeit der Kakaoanbaugebiete **Auf der Ebene der Haushalte:** • Alter und Geschlecht der Kinder im Haushalt • Parzellengröße und Produktionsvolumen • Haushaltseinkommen • Schulbesuchsquote der Kinder	• Wie verbreitet ist Kinderarbeit? • Stehen genaue Daten über landwirtschaftliche Haushalte zur Verfügung? • Ist formale Bildung/Schulbildung zugänglich? • Wie ausgeprägt ist das Empowerment von Frauen in der Gemeinschaft? Sind Frauen an Entscheidungsprozessen auf Gemeinschaftsebene beteiligt und werden schutzbedürftige Frauen, insbesondere wenn sie Haushaltsvorstand sind, unterstützt? • Gibt es Anbaugenossenschaften, die mit Landwirt*innen in der Gemeinschaft zusammenarbeiten können? Setzen sie wirksame Maßnahmen zur Verhinderung und Bekämpfung von Kinderarbeit um?	• Studien zur Prävalenz von Kinderarbeit (z. B. Studie des National Opinion Research Center [NORC] zum Kakaoanbau) • Im Rahmen des CLMRS gesammelte Daten • Genossenschaftsregister der landwirtschaftlichen Haushalte • Bewertungsinstrumente auf Gemeinschaftsebene (z. B. der Protective Community Index der IKI oder Instrumente zur Berechnung des Risikos von Kinderarbeit) • Interviews mit lokalen Genossenschaften, zivilgesellschaftlichen Organisationen, staatlichen Behörden, lokalem Schulpersonal, religiösen und gemeindebasierten Organisationen, wie lokalen Kinderschutznetzwerken, oder Ausschüssen zur Stärkung von Frauenrechten

Quelle: ICI (2019[27]), „Using community-level data to understand child labour risk in cocoa-growing areas of Côte d'Ivoire and Ghana: Executive summary", https://www.cocoainitiative.org/sites/default/files/resources/Using-community-level-data-to-understand-child-labour-risk_summary_Oct-2019_EN_1.pdf; ICI (2022[28]), *Protective Community Index*, https://www.cocoainitiative.org/knowledge-hub/resources/protective-community-index; ICI (2020[29]), *Community Child Labour Risk Assessment – Data Collections Tools*, https://www.cocoainitiative.org/knowledge-hub/resources/community-child-labour-risk-assessment-data-collections-tools; Sadhu (2020[9]), *Assessing Progress in Reducing Child Labor in Cocoa Growing Areas of Côte d'Ivoire and Ghana*, https://www.norc.org/PDFs/Cocoa%20Report/NORC%202020%20Cocoa%20Report_English.pdf.

Die Ermittlung und Bewertung von Zwangsarbeit kann schwierig sein, da viele Formen von Nötigung und Ausbeutung verborgen bleiben. Im Kakaosektor befinden sich die Opfer möglicherweise auch in abgelegenen Gebieten, außerhalb der Reichweite des Community-Monitoring. Die ICI und Verité untersuchen gemeinsam, wie die ILO-Indikatoren zur Zwangsarbeit eingesetzt werden können, um Fälle von Zwangsarbeit im Kakaosektor zu erkennen. Tabelle 3 kann als Leitfaden dienen, um Unternehmen zu helfen, das mit den verschiedenen Indikatoren verbundene Risikoniveau von Kinder- und Zwangsarbeit zu bewerten. Grundsätzlich gilt, dass sofortiger Handlungsbedarf besteht, wenn ein Indikator der Kategorie „Unfreiwilligkeit" ***und*** ein Indikator der Kategorie „Strafandrohung" vorliegen. Präventivmaßnahmen werden empfohlen, wenn mindestens ein Indikator der Kategorie „Unfreiwilligkeit" ***oder*** der Kategorie „Strafandrohung" vorliegt. Die zweite Tabelle stellt häufig verwendete Indikatoren der Kategorien „Unfreiwilligkeit" und „Strafandrohung" im Kakaosektor dar.

Tabelle 3. Indikatoren für Zwangsarbeit auf Unternehmensebene

Indikator der Kategorie „Unfreiwilligkeit"	Indikator der Kategorie „Strafe/Strafandrohung"	Zwangsarbeit	Anmerkung
Mindestens ein Indikator	**Mindestens ein Indikator**	Ja	**Alarmstufe Rot** **Handeln erforderlich**
Mindestens ein Indikator	Kein Indikator	Risiko	**Alarmstufe Orange** **Präventivmaßnahmen empfohlen**
Kein Indikator	**Mindestens ein Indikator**	Risiko	**Alarmstufe Orange** **Präventivmaßnahmen empfohlen**
Kein Indikator	Kein Indikator	**Nein**	**Alarmstufe Grün** **Kein sofortiges Handeln erforderlich**

Quelle: Nach Verité und ICI, basierend auf ILO-Indikatoren zur Zwangsarbeit.

Tabelle 4. Im Kakaosektor häufig verwendete Indikatoren

Indikatoren der Kategorie „Unfreiwilligkeit"	Indikatoren der Kategorie „Strafandrohung"
• Arbeit ohne freiwillige und in voller Sachkenntnis erteilte Einwilligung der Arbeitskraft • Umstände, die zu unfreiwilliger Arbeit führen können, wenn die Entscheidungen auf der Basis von Täuschungen getroffen werden oder die Arbeitskraft unzureichend informiert wurde • Unfreiwillige Anwerbung bei der Geburt oder durch Transaktionen wie Sklaverei oder Schuldknechtschaft • Situationen, in denen eine Arbeitskraft ohne ihre Einwilligung eine andere Tätigkeit ausüben muss als die, für die sie eingestellt wurde • Erzwungene Überstunden oder Arbeit auf Abruf, ohne vorheriges Einverständnis gegenüber dem Arbeitgeber • Arbeiten unter gefährlichen Bedingungen, denen die Arbeitskraft nicht zugestimmt hat, mit oder ohne angemessene Vergütung oder Schutzausrüstung • Nicht entlohnte oder nur sehr gering entlohnte Arbeit • Vom Arbeitgeber, Personalvermittler oder einer sonstigen Drittpartei auferlegte, unwürdige Lebensbedingungen • Für andere Arbeitgeber arbeiten als vereinbart • Länger arbeiten als vereinbart • Arbeit ohne oder mit begrenztem Recht auf Kündigung des Arbeitsvertrags • Vielfache Abhängigkeit vom Arbeitgeber	• Zwangsmittel, die eingesetzt werden, um einer Arbeitskraft gegen ihren Willen Arbeit aufzubürden • Arbeitskräfte können Nötigung ausgesetzt oder verbal bedroht werden, außerdem können sie Zeuge von Nötigung sein, der andere Kolleg*innen im Zusammenhang mit unfreiwilliger Arbeit ausgesetzt sind • Zu den Elementen der Nötigung zählen u. a.: o Androhungen oder Gewalt gegenüber Arbeitskräften oder Familienmitgliedern und Verwandten oder engen Partnern o Einschränkung der Bewegungsfreiheit der Arbeitskräfte o Schuldknechtschaft oder Manipulation von Schulden o Zurückhaltung von Löhnen oder anderen zugesagten Leistungen o Einziehung von wichtigen Dokumenten (wie Ausweispapiere oder Aufenthaltstitel) o Ausnutzung der Schutzlosigkeit von Arbeitskräften durch die Verweigerung von Rechten oder Privilegien oder die Androhung von Entlassung oder Abschiebung

Kasten 5. Empfehlungen für ...

... Landwirt*innen und Genossenschaften, Händler, Vertreiber, Transporteure und (soweit zutreffend) Verarbeiter:

Ein Mapping der Lieferkette erstellen, Risiken und Auswirkungen ermitteln und bewerten:

- Unterstützen Sie Genossenschaften dabei, glaubwürdige, überprüfbare, verlässliche und aktuelle Informationen über das Ausmaß von menschenrechtlichen Risiken und Verletzungen, darunter Kinderarbeit und Zwangsarbeit, zu generieren und zu verbreiten. Liegen noch keine Daten vor, können die Mitarbeiter*innen vor Ort sie möglicherweise erheben oder gegebenenfalls ein eigenes Bewertungsteam einrichten.
- Stellen Sie sicher, dass effektive und zielführende Konsultationen mit den lokalen Gemeinschaften und Landwirt*innen durchgeführt werden, um Risiken zu ermitteln, da sie häufig eine gute Informations- und Hinweisquelle sind.
- Verwenden Sie vorhandene Lieferkettendaten (u. a. Alter und Bildungsniveau des Produzenten und seiner Kinder, Größe des landwirtschaftlichen Betriebs und Zahl der Arbeitskräfte), um ein Risikomodell zu erstellen.[1]
- Setzen Sie Methoden wie das CLMRS ein, um festzustellen, welche Kinder von Kinderarbeit betroffen oder bedroht sind. Dabei können auch spezifische Vulnerabilitätsfaktoren in Bezug auf das Risiko von Zwangsarbeit bei Kindern erfasst werden.
- Teilen Sie nachgelagerten Unternehmen die Ergebnisse der Risikobewertungen Ihres Unternehmens mit, insbesondere wenn diese Bewertungen Risiken oder Situationen von Kinderarbeit und Zwangsarbeit aufgedeckt haben.

... Hersteller, Marken, Einzelhändler und (soweit zutreffend) Verarbeiter:

Ein Mapping der Lieferkette erstellen:

- Arbeiten Sie mit Ihren Zulieferern der ersten Stufe zusammen, um Einblick in die Herkunft des Kakaos zu erhalten, insbesondere durch die Festlegung von Kontrollpunkten. Richten Sie weiter oben in der Lieferkette Kontrollsysteme ein.
- Bemühen Sie sich ständig um Informationen zur Herkunft Ihres Kakaos und unterstreichen Sie die Bedeutung dieser Informationen und Einblicke in die vorhandenen Geschäftsbeziehungen.
- Unterstützen Sie vorgelagerte Unternehmen oder Organisationen, die möglicherweise weniger Kapazitäten für das Mapping ihrer Lieferkette haben, indem Sie in den Aufbau von Kapazitäten und Ressourcen investieren.

Risiken erkennen und Auswirkungen bewerten:

- Überprüfen Sie die von Ihren Zulieferern eingeführten Due-Diligence-Maßnahmen oder bewerten Sie deren Geschäftstätigkeit direkt, z. B. durch Besuche bei landwirtschaftlichen Betrieben und ihren Gemeinschaften.
- Holen Sie Informationen sowohl über die Systeme der Zulieferer als auch über die von ihnen gelieferten Produktmengen ein.
- Erwägen Sie die Teilnahme an branchenweiten Programmen und Multi-Stakeholder-Initiativen, um relevante Informationen zu erhalten, die Ihnen bei Ihren Bewertungen helfen können.
- Fordern Sie von vorgelagerten Unternehmen Unterlagen an, wie beispielsweise Nachweise, dass ein Mapping der Lieferkette erstellt wurde, das die landwirtschaftlichen Betriebe in der

Lieferkette erfasst, Nachweise über Risikobewertungen und Vor-Ort-Monitoring sowie Berichte über die Einbeziehung der betroffenen Akteure auf Gemeinschafts- und Betriebsebene.

... vor- und nachgelagerte KMU:

Ein Mapping der Lieferkette erstellen:

- Arbeiten Sie mit anderen Unternehmen zusammen, beispielsweise auf nationalen Kakaoplattformen oder im Rahmen von Branchen- oder Multi-Stakeholder-Initiativen, um die Einflussmöglichkeiten und die Nachfrage nach Kontrollsystemen (insbesondere Chain of Custody und/oder Rückverfolgung) sowie Lieferkettentransparenz zu erhöhen.
- Beteiligen Sie sich an glaubwürdigen Zertifizierungsprogrammen, die mit den OECD-Empfehlungen zur Erfüllung der Sorgfaltspflicht im Einklang stehen, um die Transparenz in Ihrer Lieferkette zu erhöhen.

Risiken erkennen und Auswirkungen bewerten:

- Nutzen Sie für die Risikobewertungen Ihres Unternehmens die vielfältigen Ressourcen von Branchen- und Multi-Stakeholder-Initiativen sowie von staatlichen Stellen, da diese aktuelle Informationen zur Verfügung stellen. Darunter befinden sich Ressourcen, die KMU helfen, Risikoanalysen für Kakaoanbauländer durchzuführen, mit denen sie zusammenarbeiten.[2]
- Einige kleine Schokoladenhersteller kaufen den Kakao direkt bei den Landwirt*innen und kennen ihre Lieferkette bis ins kleinste Detail. Der Direktkauf von Kakao beim Hersteller kann auch den Prozess der Risikoerkennung und -bewertung vereinfachen, da die Landwirt*innen wissen, unter welchen Bedingungen der Kakao angebaut und geerntet wird.

Anmerkungen:

1. Um mehr über Risikomodelle zu erfahren, besuchen Sie die ICI-Website (ICI, 2021[30]).
2. Weitere Ressourcen finden Sie auf der Website des Forum Nachhaltiger Kakao (German Initiative on Sustainable Cocoa) (Hütz-Adams, 2021[31]).

Schritt 3: Situationen von Kinderarbeit und Zwangsarbeit beseitigen, verhindern und mindern

In Schritt 3 geht es darum, Maßnahmen zum Risikomanagement und zur Risikominderung zu ergreifen und eine Strategie für den Umgang mit Risiken und konkreten Situationen umzusetzen. In diesem Kapitel wird dargelegt, wie Unternehmen eine geeignete Strategie konzipieren können, um Risiken und Situationen von Kinderarbeit und Zwangsarbeit in der Kakaolieferkette zu verhindern und dagegen vorzugehen.

Strategische Fragen für Unternehmen

- Wurde die Verantwortung für den Umgang mit Risiken und Situationen von Kinderarbeit und Zwangsarbeit in Ihrem Unternehmen einer zentralen Anlaufstelle auf Führungsebene übertragen?
- Verfügen Sie im Upstream-Bereich der Lieferkette über ein Verfahren zur Minderung der Risiken und konkreten Situationen, das auch für die Zulieferer gilt, mit denen Ihr Unternehmen keine Vertragsbeziehung unterhält?
- Enthält Ihr Risikomanagementplan Leistungsindikatoren (*key performance indicators* – KPI) und Fristen, die es ermöglichen, den Erfolg von Maßnahmen zur Bekämpfung von Kinderarbeit, Zwangsarbeit sowie anderen festgestellten und bewerteten menschenrechtlichen Risiken und Auswirkungen zu messen?
- Wie arbeitet Ihr Unternehmen bei der Minderung oder Bekämpfung der festgestellten negativen Effekte mit anderen Akteuren zusammen, insbesondere wenn Ihr Unternehmen im Herkunftsland betrieblich nicht angesiedelt ist?
- Wurden in Ihrem Unternehmen angemessene interne Ressourcen bereitgestellt, um menschenrechtliche Risiken und Auswirkungen effektiv angehen zu können?

Negative Effekte beseitigen, verhindern und mindern

Eine Strategie konzipieren und umsetzen, um auf Risiken und negative Effekte zu reagieren

Schritt 3 des Due-Diligence-Rahmens fordert Maßnahmen, um die ermittelten potenziellen oder tatsächlichen negativen menschenrechtlichen Auswirkungen anzugehen (zu beseitigen, zu verhindern und zu mindern). Welche Maßnahmen ein Unternehmen ergreift, um auf diese Risiken und konkreten Situationen zu reagieren, hängt davon ab, ob es einen negativen Effekt *verursacht*, *zu ihm beigetragen hat* oder *unmittelbar mit ihm verbunden ist* (wegen weiterer Informationen zu diesem Zusammenhang vgl. Tabelle 1). Unabhängig vom Zusammenhang mit Situationen von Kinderarbeit und Zwangsarbeit sind alle Unternehmen gehalten, mit staatlichen Stellen, Nichtregierungsorganisationen, internationalen Organisationen und Multi-Stakeholder-Initiativen zusammenzuarbeiten, um die Ursachen von Kinder- und Zwangsarbeit in Lieferketten systematisch anzugehen.

Allgemeine Grundsätze, die Unternehmen berücksichtigen sollten, wenn sie Kinderarbeit oder Zwangsarbeit in ihren Geschäftstätigkeiten oder Lieferketten bekämpfen

- **Immer im besten Interesse des Kindes handeln.** Das Ziel von effektiven Unternehmensmaßnahmen zur Bekämpfung von Kinderarbeit und Zwangsarbeit sollte darin bestehen, die Lebensbedingungen des Kindes zu verbessern und zu verhindern, dass das Kind in eine Situation gedrängt wird, in der es weiter benachteiligt wird. Steht eindeutig fest, dass ein Kind Opfer oder in Gefahr von Kinderarbeit ist, gilt es, den Fall anzugehen und zusammen mit dem Kind und seiner Familie und in Partnerschaft mit der zuständigen Gemeinde, der Lieferkette und nationalen Strukturen Lösungsmöglichkeiten zu erörtern.
- **Schutzmaßnahmen einrichten.** Zu den Schutzmaßnahmen zählt beispielweise, dass sich das Unternehmen verpflichtet, die Sicherheit von Kindern zu gewährleisten. Auf der elementarsten Ebene handelt es sich bei diesen Maßnahmen darum, Kinder vor körperlichem, sexuellem und emotionalem Missbrauch sowie Misshandlung durch Mitarbeiter*innen und andere Personen, für die das Unternehmen verantwortlich ist, zu schützen.

- **Geschäftsbeziehungen verantwortungsvoll abbrechen.** Scheitern wiederholte Versuche, einen Geschäftspartner zu beeinflussen und von ihm zu verlangen, Aktionen, die Kinderarbeit oder Zwangsarbeit verursachen oder zu ihr beitragen, einzustellen, sollten die Unternehmen den Abbruch der Geschäftsbeziehung in Erwägung ziehen. Der Abbruch der Geschäftsbeziehung sollte verantwortungsvoll und zeitnah erfolgen. Das Unternehmen sollte zunächst sicherstellen, dass die Kinder und ihre Familien Unterstützung erhalten.

Welche Maßnahmen sollten Unternehmen, die Kinderarbeit oder Zwangsarbeit verursachen oder dazu beitragen, ergreifen?

In diesen Fällen sind zunächst die Tätigkeiten einzustellen, die Kinderarbeit oder Zwangsarbeit verursachen oder dazu beitragen, bevor Schritte in die Wege geleitet werden, um negative Effekte in Zukunft zu vermeiden und zu mindern. Wenn ein Unternehmen durch seine Beschaffungspraktiken zu Kinderarbeit oder Zwangsarbeit beiträgt, kann die Einstellung dieser Aktivitäten beispielsweise bedeuten, längerfristige Beschaffungsvereinbarungen einzuführen, die es Genossenschaften und Familien von Landwirt*innen ermöglichen, besser vorauszuplanen. Um in Zukunft Situationen von Kinderarbeit oder Zwangsarbeit zu verhindern und zu mindern, kann es notwendig sein, bereits etablierte Leitlinien zu verschärfen, die Kapazitäten der Due-Diligence-Systeme der Zulieferer und Geschäftspartner auszubauen oder Präventions- und Minderungsmaßnahmen einzuführen oder zu verstärken, z. B. durch das Child Labor Monitoring and Remediation System (CLMRS). Weitere Maßnahmen sind regelmäßige Schulungen für Mitarbeiter*innen (dies umfasst neben den für die Arbeitssicherheit zuständigen Personen auch die Kräfte vor Ort, Mitarbeiter*innen im Einkauf und landwirtschaftliche Berater*innen, die die Agrarproduktion fördern) sowie die Überprüfung der Due-Diligence-Systeme der Zulieferer.

Nachstehend finden sich konkrete Beispiele für Schritte, die im Fall von Kinder- und Zwangsarbeit unternommen werden können. Praktische Beispiele für Maßnahmen zur Verhinderung und Minderung negativer Effekte sind im Abschnitt „Mechanismen zur Risikoprävention und -minderung einführen" dargelegt.

Kinderarbeit

- Wenn ein Unternehmen potenzielle oder tatsächliche Fälle von Kinderarbeit verursacht oder zu ihnen beiträgt, sollte maßgeschneiderte Unterstützung angeboten werden. Diese kann z. B. darin bestehen, die Fälle der zuständigen örtlichen Kinderschutzbehörde oder einer gemeindebasierten Organisation zu melden. Um zu bestimmen, welchen Kindern prioritär geholfen werden soll, können Unternehmen die von der Stiftung International Cocoa Initiative (ICI) entwickelte Entscheidungsbaummethode anwenden, die Maßnahmen innerhalb unterschiedlicher Fristen vorsieht (Abbildung 8).
- Unternehmen sollten mögliche Lösungen mit dem Kind und seiner Familie und in Partnerschaft mit den zuständigen Gemeindestrukturen, Behörden und Rechtsdurchsetzungsbehörden (bei Bedarf) besprechen. Unternehmen, die über kein derartiges System verfügen, sind gehalten, durch die Einrichtung von Partnerschaften mit der Zivilgesellschaft, staatlichen Sozialarbeiter*innen oder örtlichen Kinderschutzeinrichtungen ein solches einzurichten. Kinderschutzsysteme sollten sich auf staatliche Standardarbeitsanweisungen (*standard operational procedures* – SOP) stützen. In Ghana existieren beispielsweise sektorübergreifende SOP für Kinderschutz und Familienhilfe. [1]
- Kindern, die nach nationalem Recht das gesetzliche Mindestalter für Beschäftigung erreicht und die Pflichtschulzeit beendet haben, können die Unternehmen gegebenenfalls eine sichere Arbeit anbieten. Hierzu zählen u. a. ungefährliche Arbeitsplätze, die für junge Arbeitskräfte geeignet sind. Dabei muss sichergestellt sein, dass gefährliche Arbeitsplätze für junge Arbeitskräfte verboten sind oder derart umgestaltet werden, dass sie nicht mehr als gefährlich einzustufen sind. Dies könnte ein praktischer Ansatz für minderjährige Kinder im Erwerbsalter sein.

Abbildung 8. Wie lässt sich bestimmen, welche Kinder in einer Kakaoanbaugemeinde am hilfsbedürftigsten sind?

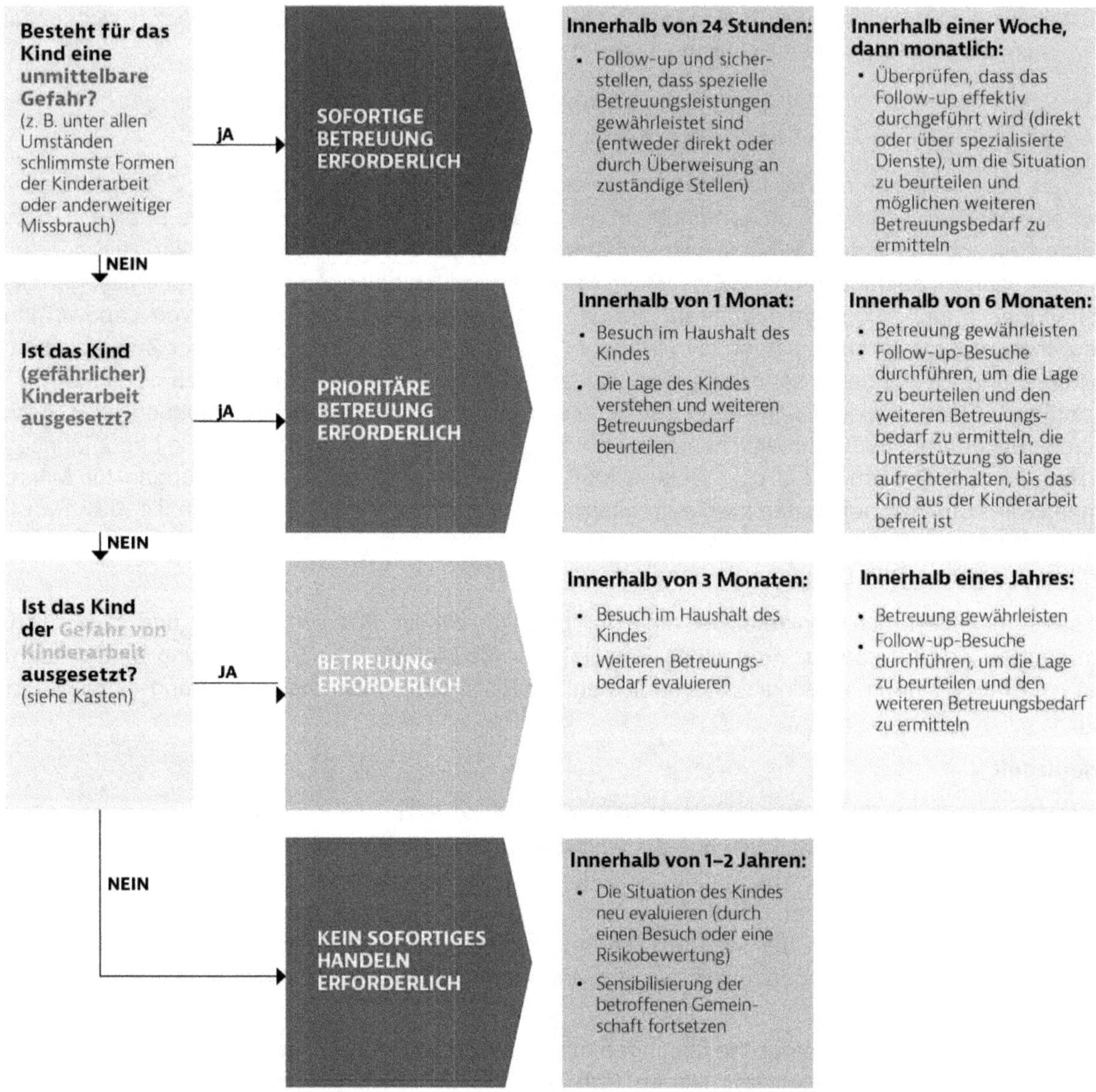

Welche Kinder sind potenziell der Gefahr von Kinderarbeit ausgesetzt?

Kinder, die sich nicht in Kinderarbeit befinden, aber einer der nachstehenden Kategorien angehören, sind als von Kinderarbeit bedroht einzustufen und präventiv zu betreuen:[1]

[1] Der Zugang zu Bildung ist ein Grundrecht des Kindes. Es wurde nachgewiesen, dass alle anderen Faktoren mit einer höheren Wahrscheinlichkeit gefährlicher Kinderarbeit im Kakaoanbau korrelieren.

- Geht nicht zur Schule/ist oft abwesend
- Lebt nicht bei seinen leiblichen Eltern
- Lebt in einem Ein-Eltern-Haushalt
- Lebt in einem Haushalt ohne Erwachsene
- Lebt in einem Haushalt, in dem der Haushaltsvorstand Analphabet*in ist
- Lebt in einer Gemeinde ohne Grundschule
- Hat Geschwister in Kinderarbeit
- Hat selbst bereits Kinder

Quelle: ICI (2022[33]), *Selecting support to prevent and remediate child labour through a CLMRS*, https://www.cocoainitiative.org/knowledge-hub/resources/selecting-support-prevent-and-remediate-child-labour-through-clmrs.

Zwangsarbeit

Unternehmen, die mit Zwangsarbeit konfrontiert sind, müssen unverzüglich reagieren. Aufgrund des Schweregrads müssen alle Fälle von Zwangsarbeit den Behörden gemeldet werden.

- Rechtsdurchsetzungsbehörden, lokale Behörden und Schutzbehörden können möglicherweise helfen, die individuellen Bedürfnisse des/der Opfer(s) und den Bedarf an Hilfeleistungen zu ermitteln. Die Prüfung der Fälle sollte auf soliden Kenntnissen der nationalen Abhilfemechanismen und -möglichkeiten beruhen. Wenn der Staat keine Opferhilfe anbietet, sollten die Unternehmen in Erwägung ziehen, auf einen qualifizierten Dienstleister zurückzugreifen, um Betroffene von Zwangsarbeit zu entschädigen.
- Wenn eine Situation von Zwangsarbeit festgestellt wird, muss zunächst die sofortige Sicherheit des Kindes/Opfers gewährleistet werden. Dazu gehört, angemessene Schutzmaßnahmen für Kinder bzw. Opfer zu ergreifen. Auf der elementarsten Ebene handelt es sich bei diesen Maßnahmen darum, Kinder vor körperlichem, sexuellem und emotionalem Missbrauch sowie Misshandlung durch Mitarbeiter*innen und andere Personen, für die das Unternehmen verantwortlich ist, zu schützen.
- Die Unternehmen können mit dem Opfer mögliche Lösungsansätze erörtern (z. B. Auszahlung der geschuldeten Löhne, Unterstützung bei der Suche nach einer anderen Beschäftigung), gegebenenfalls in Partnerschaft mit den zuständigen Gemeindestrukturen, Behörden und Rechtsdurchsetzungsbehörden.

Welche Maßnahmen sollten Unternehmen ergreifen, die über eine Geschäftsbeziehung unmittelbar mit Kinder- oder Zwangsarbeit verbunden sind?

Für Unternehmen, die durch eine Geschäftsbeziehung unmittelbar mit Kinder- oder Zwangsarbeit verbunden sind, ist es wichtig, dass sie den Geschäftspartner, der Kinder- und Zwangsarbeit verursacht oder zu ihr beiträgt, dazu anhalten, Maßnahmen zu ergreifen, um den negativen Effekten ein Ende zu setzen. Unternehmen können beispielsweise mit Geschäftspartnern zusammenarbeiten, um sicherzustellen, dass Kinder aus Kinderarbeit befreit werden und ein zeitgebundener Plan aufgestellt wird, um dem Kind Unterstützung für Bildung, Rehabilitation und soziale Eingliederung zu gewähren, und/oder sich an Aktionen beteiligen, um den Bedürfnissen der Familien dieser Kinder gerecht zu werden.

- Sie können ihr Einflussvermögen durch Konsultationen mit dem Opfer, der betroffenen Gemeinschaft sowie Akteuren der Lieferkette und nationalen Strukturen stärken.
- Sie können sich an Branchen- oder Multi-Stakeholder-Initiativen beteiligen, um die Einflussmöglichkeiten zu erhöhen, wenn die betroffenen Akteure nicht ausreichend handeln.
- Sie können mit dem Geschäftspartner zusammenarbeiten, der die Kinder- oder Zwangsarbeit verursacht hat, um die Opfer zu entschädigen (vgl. die Abschnitte Abhilfe schaffen: Gegebenenfalls Abhilfe leisten oder dabei kooperieren und Ausmaß und Wirkung der Bekämpfung von Kinderarbeit und Zwangsarbeit durch Zusammenarbeit steigern).
- Sie können in Erwägung ziehen, die Geschäftsbeziehung zu Partnern zu beenden, die (in einem gegebenen Zeitraum) nichts unternehmen, um diesen Effekten entgegenzuwirken und zu verhindern, dass sie in Zukunft erneut auftreten. Führen die Beteiligungsbemühungen innerhalb einer bestimmten Frist nicht zu Veränderungen, sollten die Unternehmen die Geschäftsbeziehung zu diesem Partner verantwortungsvoll abbrechen.

Wie können Unternehmen das Verhalten anderer Unternehmen beeinflussen, die Kinderarbeit oder Zwangsarbeit verursachen oder dazu beitragen?

Von der Existenz einer Einflussmöglichkeit wird ausgegangen, „wenn das Unternehmen über die Fähigkeit verfügt, in den unrechtmäßigen Aktivitäten des Schadenverursachers einen Wandel herbeizuführen" (OECD, 2011[32]). Unternehmen haben häufig größeres Einflussvermögen, als ihnen bewusst ist.

Die Formen umfassen u. a: (ILO/IOE, 2015[5]):

- traditionelles geschäftliches Einflussvermögen: Erwartungen in Bezug auf die Verhinderung und Bekämpfung von Kinderarbeit und Zwangsarbeit sowie die Achtung der Menschenrechte in Geschäftsverträgen verankern
- erweitertes geschäftliches Einflussvermögen: vorgelagerte Versorgungspartner durch Kapazitätsaufbau, Sensibilisierung und den Austausch von Instrumenten und Ressourcen wie diesem Handbuch unterstützen
- Einflussvermögen in Zusammenarbeit mit anderen Unternehmen: für ein gemeinsames Vorgehen mit anderen Unternehmen sorgen, die den Kakao aus derselben Gegend beziehen, in der die Gefahr von Kinderarbeit und/oder Zwangsarbeit besteht. Auch Unternehmen außerhalb des Agrar- oder Kakaosektors können einbezogen werden.
- Einflussvermögen durch bilaterale Zusammenarbeit: persönliche Zusammenarbeit mit einem oder mehreren Akteuren erzeugen, beispielsweise mit Regierungen, anderen Unternehmen, Gewerkschaften, internationalen Organisationen oder Organisationen der Zivilgesellschaft
- Einflussvermögen mittels Multi-Stakeholder-Zusammenarbeit: gemeinsames Vorgehen mit Regierungen, Gewerkschaften, anderen Unternehmen, internationalen Organisationen, Organisationen der Zivilgesellschaft und/oder Multi-Stakeholder-Initiativen

Wenn Einflussvermögen und Einflussnahme keine Verbesserungen in der Bekämpfung von Kinderarbeit und Zwangsarbeit zur Folge haben, kann eine Beendigung der Geschäftsbeziehung angebracht sein. Im Fall eines Abbruchs der Geschäftsbeziehung sollte darauf geachtet werden, dass sich die Situation der Kinder, Landwirt*innen und Arbeitskräfte nicht verschlechtert. Unternehmen sollten die Verantwortung für die Einhaltung der Vorschriften nicht den Unternehmen in der Lieferkette übertragen, die hierzu am wenigsten in der Lage sind, sondern vielmehr Investitionen in Systeme und Maßnahmen fördern, die diese Unternehmen zu Verhaltensänderungen veranlassen können.

Maßnahmen zur Risikoprävention und -minderung einführen

Zusätzlich zum Abbruch der Geschäftsbeziehungen zu Partnern, die Kinder- oder Zwangsarbeit verursachen oder dazu beitragen oder die Geschäftspartner dahingehend beeinflussen, sollten Unternehmen einen zweckdienlichen Plan entwickeln, um potenzielle zukünftige negative Effekte in Verbindung mit Kinderarbeit und Zwangsarbeit zu verhindern und zu mindern.

Der Begriff „Verhinderung" bezieht sich auf Maßnahmen, die verhindern sollen, dass ein negativer Effekt überhaupt auftritt (z. B., indem das Risiko eines negativen Effekts verringert wird); dahingegen bezieht sich der Begriff „Minderung" auf Maßnahmen, die einen negativen Effekt reduzieren sollen, wo dieser bereits auftritt. Das vorrangige Ziel von Due Diligence ist Verhinderung (OECD, 2018[3]).

Ein Plan zur Risikoprävention und -minderung sollte

- die wichtigsten Beteiligten (z. B. Kinder und ihre Familien, Zulieferer, Landwirt*innen, staatliche Akteure, zivilgesellschaftliche Organisationen sowie Expert*innen für Migration und die Bekämpfung von Kinderarbeit und Menschenhandel) in die Entwicklung des Plans einbeziehen, um einen Konsens über die zu ergreifenden Maßnahmen zu erzielen.
- Erkenntnisse aus Kakaoanbaugemeinschaften berücksichtigen und sicherstellen, dass Männer und Frauen gleichermaßen vertreten sind, insbesondere Eltern, Leiter*innen einzelner Gruppen und Religionsgemeinschaften, Mitarbeiter*innen von Kooperativen, Arbeitnehmervertreter*innen (einschließlich Wanderarbeiter*innen), Lehrkräfte, lokale Organisationen wie Kinderschutznetzwerke oder Frauenausschüsse, sowie lokale Behörden, die für Kinderschutz, Wohlfahrt und Bildung zuständig sind. Nationale Aktionspläne zur Bekämpfung von Kinderarbeit und Zwangsarbeit aus Erzeugerländern können ebenfalls eine gute Informationsquelle darstellen.

Jeder Plan sollte außerdem Zielvorgaben und Fristen enthalten, wie in Tabelle 5 dargelegt.

Tabelle 5. Elemente, die in einen Risikopräventions- und -minderungsplan aufgenommen werden sollten

Bereich	Beschreibung	Beispiele
Ziele und Fristen	Ziele aufstellen und Indikatoren definieren, um die Gefahr von Kinderarbeit und Zwangsarbeit sowie anderen menschenrechtlichen Risiken und Auswirkungen in der Kakaolieferkette zu mindern	Indikatoren pro [Jahr]: • Anzahl der Haushalte in den Kakaoanbaugemeinschaften, die unter das CLMRS-System fallen • Anzahl der Lieferanten, die in der Prävention von Zwangsarbeit geschult sind
Maßnahmen	Maßnahmen mit Fristen konzipieren, um gegen die folgenschwersten menschenrechtlichen Risiken wie Kinderarbeit und Zwangsarbeit vorzugehen	Die Armutsprobleme adressieren: • Dafür sorgen, dass die Genossenschaften über einen ausreichenden Cashflow verfügen, indem ein regelmäßigeres Zahlungssystem eingerichtet wird, bessere Zahlungsbedingungen eingeführt werden, ein Mindestlohn gezahlt wird und geprüft wird, wie existenzsichernde Löhne erreicht werden können • Den Zugang zu grundlegenden Dienstleistungen erleichtern, darunter qualitativ hochwertige Bildung, Gesundheitsversorgung usw.
Ressourcen	Ermitteln, welche (finanziellen und personellen) Ressourcen erforderlich sind, um diese Maßnahmen zu konzipieren und umzusetzen	• Ein Budget für die definierten Maßnahmen erstellen • Eine Liste der in den Kakaoanbaugemeinschaften tätigen Drittdienstleister erstellen, die zur Umsetzung der Maßnahmen beitragen können
Zuständigkeiten und Verantwortlichkeiten	Feststellen, wer für Risikomanagement und -minderung zuständig ist: • Innerhalb des Unternehmens • Unter den Kakaolieferanten • Unter den vor- und nachgelagerten Geschäftspartnern Die jeweiligen Mitarbeiter*innen müssen die Indikatoren, Ziele und Fristen verstehen und wissen, welche Rolle sie bei der Umsetzung spielen.	• Auf der Ebene des Unternehmens: Das zuständige Sourcing-Team beauftragen, die Schulung in Koordination mit dem Beschaffungsteam zu organisieren. • Auf der Ebene der Kakaolieferanten: Eine Person auswählen, die an der Schulung teilnimmt und die gewonnenen Erkenntnisse in die Geschäftspraktiken einfließen lässt.
Monitoring und Berichterstattung	Monitoringsysteme einrichten, die die Umsetzung des Plans und der vorgesehenen Maßnahmen sowie die Berichterstattung an die Unternehmensleitung verfolgen.	Die Fortschritte werden auf Risikomanagementsitzungen überprüft. Die Berichterstattung an die Unternehmensleitung (Sourcing-Abteilung, Rechtsabteilung und CEO) erfolgt über Leistungsindikatoren.

Beispiele für Maßnahmen, die ergriffen werden können, um Risiken und Situationen von Kinderarbeit und Zwangsarbeit zu verhindern und zu mindern

- **Zugang zu einer hochwertigen Bildung verbessern, durch:**
  - Unterstützung der Gemeinden bei der Schaffung eines qualitativ hochwertigen schulischen Umfelds für Kinder, indem Bildungseinrichtungen gebaut oder renoviert werden, was die Einschulungs- und Schulteilnahmequoten erhöhen dürfte
  - Brückenkurse für Kinder, die nicht im Schulsystem integriert sind, um Lernrückstände aufzuholen
  - Erleichterung des Zugangs zu Geburtsurkunden, die in einigen Ländern für die Schuleinschreibung von Kindern erforderlich sind
- **Existenzgrundlagen von Landwirt*innen sichern:** Armut und die Abhängigkeit von Kakao als einziger Einnahmequelle sind zwei Faktoren, die die Gefahr von Kinderarbeit erhöhen können. Unternehmen können den Landwirt*innen helfen, ihre Einnahmen zu diversifizieren. Dies dürfte die Familien weniger anfällig gegenüber Einkommensschocks machen, die in manchen Fällen die Gefahr von Kinderarbeit erhöhen oder zu Zwangsarbeit führen können.
- **Teilhabe der Frauen fördern:** Alphabetisierungskurse für Erwachsene, Kleinstbetriebe oder andere Einkommen generierende Aktivitäten und Dorfsparkassen (Village Savings and Loans

Associations – VSLAs) können das Kräfteungleichgewicht zwischen Männern und Frauen mindern helfen, indem sie die Position der Frauen stärken, was auch den Kinderschutz verbessern kann.

- **Ein effektives Monitoring- und Abhilfesystem einrichten.** Ein effektives System zur Überwachung und Behebung von Kinderarbeit (Child Labour Monitoring and Remediation System – CLMRS) kann Unternehmen helfen, Kinder, die Kinderarbeit verrichten, und davon bedrohte Kinder zu unterstützen und die Präventions- und Risikominderungsmaßnahmen zu stärken (vgl. Kasten 4 für weitere Informationen zum CLMRS).
- **Mitarbeiterschulungen anbieten.** Weiterbildungs- und Auffrischungskurse für alle Mitarbeiter*innen veranstalten, um Kinderarbeit und Zwangsarbeit zu verhindern. Die Schulungen sollten sich nicht nur an die für die Arbeitssicherheit zuständigen Personen richten, sondern auch die Kräfte vor Ort, Mitarbeiter*innen im Einkauf und landwirtschaftliche Berater*innen einbeziehen, die die Agrarproduktion fördern.
- **Einen Landschaftsansatz in Erwägung ziehen.** Landschaftsansätze, die alle relevanten Akteure in einem geografischen Gebiet einbeziehen, können hilfreich sein, da sie die Anstrengungen zur Bekämpfung von Kinderarbeit und Zwangsarbeit aller Stakeholder bündeln. Beispiele für die Erfolge von Landschaftsansätzen sind ein verbesserter Zugang zu Geburtenregistern, bessere Lebensbedingungen der Gemeinschaften in den Kakaoanbaugebieten durch einen leichteren Zugang zu Bildung und Gesundheitsdiensten, der Bau von Straßen bzw. Infrastrukturen sowie die Einrichtung örtlicher Kinderschutzausschüsse.

Kasten 6. Empfehlungen für KMU

- Bestimmen Sie in Ihrem Unternehmen eine Person, die Ihre Menschenrechtsstrategie leitet, und stellen Sie sicher, dass sie angemessen geschult ist, um die Problematik zu verstehen und über die Ressourcen, das Wissen und die Unterstützung verfügt, die Strategie umzusetzen, insbesondere, was Kinderarbeit und Zwangsarbeit betrifft.
- Konsultieren Sie lokale Arbeitgeber- und Branchenverbände, internationale Organisationen und Multi-Stakeholder-Initiativen, um zu erfahren, wie Unternehmen in ähnlicher Situation und andere KMU Risiken und Situationen von Kinderarbeit und Zwangsarbeit im Kakaosektor bekämpfen.
- Integrieren Sie Maßnahmen zur Bekämpfung von Kinderarbeit und Zwangsarbeit in die Leistungsbeurteilungen und Anreizsysteme für Mitarbeiter*innen.
- Stellen Sie sicher, dass die Erwartungen bezüglich der Bekämpfung tatsächlich festgestellter und potenzieller Situationen von Kinderarbeit und Zwangsarbeit in den Verkaufsbedingungen, Beschaffungs- und Vertragsvereinbarungen und -praktiken berücksichtigt sind.
- Lassen Sie ihre Aktionspläne allen Ihren Zulieferern zukommen und fordern Sie diese auf, sie Unterlieferanten zur Kenntnis zu bringen. Verbessern Sie die Zusammenarbeit mit Zulieferern, bei denen ein erhöhtes Risiko von Kinder- und Zwangsarbeit festgestellt wurde.

Zusätzliche Empfehlungen für im vorgelagerten Bereich tätige KMU

- Entwickeln Sie eine Strategie auf Basis der Fragen, die die Käufer und wichtigsten betroffenen Akteure stellen.
- Arbeiten Sie mit Erzeugern, landwirtschaftlichen Kleinstbetrieben oder anderen Stakeholdern in der Lieferkette zusammen und kommunizieren Sie diese Strategie gegenüber nachgelagerten Unternehmen.

Quelle: Nach Shift und IOE (2019[35]), *SMEs and the Responsibility to Respect Human Rights*, Shift, New York, und International Organisation of Employers, Genf, https://shiftproject.org/resource/smes-and-the-responsibility-to-respect-human-rights/.

Schritt 4: Umsetzung und Ergebnisse nachverfolgen

Beim vierten Schritt des Due-Diligence-Rahmens der OECD geht es darum sicherzustellen, dass Ihre Due-Diligence-Aktivitäten effektiv sind. In diesem Kapitel wird beschrieben, wie Unternehmen in der Kakaolieferkette die Wirksamkeit von Maßnahmen zur Verhinderung und Minderung von menschenrechtlichen Risiken und Auswirkungen wie Kinder- und Zwangsarbeit nachverfolgen können.

Strategische Fragen für Unternehmen

- Verwenden Sie Bewertungs- und Beschwerdedaten, um die Fortschritte jedes Zulieferers bei der Umsetzung von Risikomanagementplänen und Maßnahmen zur Bekämpfung von Kinderarbeit und Zwangsarbeit nachzuverfolgen?
- Für Hersteller, Marken, Einzelhändler und (soweit zutreffend) Verarbeiter: Gewährleisten Sie, dass an den dafür vorgesehenen Kontrollpunkten der ihnen vorgelagerte Teil der Lieferkette den OECD-Empfehlungen entsprechenden Due-Diligence-Prüfungen unterzogen wird?
- Für Landwirt*innen und Genossenschaften, Händler, Vertreiber, Transporteure und (soweit zutreffend) Verarbeiter: Sammeln Sie Feedback dazu, ob gegen menschenrechtliche Risiken und Auswirkungen wie Kinder- und Zwangsarbeit wirksam vorgegangen wird?
- Nachverfolgen Sie Fälle von Kinderarbeit und/oder Zwangsarbeit und wie sie gehandhabt wurden (d. h. welche Verhinderungs-, Minderungs- und Abhilfemaßnahmen ergriffen wurden)?
- Verfolgen Sie die erzielten Fortschritte und die Wirkung von Maßnahmen anhand geeigneter qualitativer und quantitativer Indikatoren? Haben sie diese möglichst an branchenspezifischen Monitoringrahmen und Regierungsinitiativen (z. B. nationale Aktionspläne) ausgerichtet oder in Zusammenarbeit mit Fachleuten für Kinder- und Zwangsarbeit, Gewerkschaften, Branchenverbänden oder Multi-Stakeholder-Initiativen entwickelt?

Umsetzung und Ergebnisse nachverfolgen

Um gegen Kinder- und Zwangsarbeit in der Lieferkette vorzugehen, ist es entscheidend, nachzuverfolgen und zu überprüfen, wie gut die Sorgfaltspflichten eingehalten werden.

Die Umsetzung und Wirksamkeit der Zusagen, Ziele und Maßnahmen des Unternehmens zur Erfüllung der Sorgfaltspflichten kontrollieren und nachverfolgen

- Die oberste Führungsebene des Unternehmens mit der Aufsicht über die verantwortungsbewusste Nachverfolgung und Überprüfung der Due-Diligence-Bemühungen des Unternehmens betrauen.
    - Die Hauptverantwortung dafür, dass nachverfolgt wird, ob Lieferantenbewertungen und entsprechende Maßnahmepläne gegen Kinder- und Zwangsarbeit fristgerecht und ergebnisorientiert umgesetzt werden, kann der Beschaffungsstelle des Unternehmens übertragen werden.
    - Die Hauptverantwortung dafür, dass nachverfolgt wird, wie häufig Bestellungen verspätet aufgegeben, geändert oder storniert werden, kann bei der Einkaufsabteilung des Unternehmens liegen. Diese Praktiken können aufseiten der Zulieferer tatsächliche oder potenzielle negative Auswirkungen in Form von Kinder- und Zwangsarbeit begünstigen.
    - Das Betriebspersonal kann bei betroffenen Stakeholdern und Rechteinhabern in Erfahrung bringen, ob den negativen Auswirkungen begegnet wurde. Ein möglicher Ansatz sind Konsultationen mit der örtlichen Bevölkerung und den örtlichen Behörden, mit gemeindebasierten Organisationen für Kinderschutz und Fraueninteressen oder mit Genossenschaften und Arbeitnehmervertretungen. Auch Befragungen von Tagungs- und Forenteilnehmer*innen können zielführend sein, ebenso wie die Erfassung von Fällen von Kinderarbeit, schlechten Arbeitsbedingungen und anderen Problemen im Kakaoanbau, die Gegenstand von Abhilfeverfahren sind.

- Nachgelagerte Unternehmen sollten Zulieferer und andere Unternehmen an Kontrollpunkten der Kakaolieferkette (z. B. Händler, Mühlen, Importeure und Exporteure) miteinbeziehen und deren Due-Diligence-Prozesse und -Maßnahmen bewerten.
- Alle lokalen Hilfsdiensten gemeldeten Kinder im Monitoringsystem verzeichnen, einschließlich des Meldedatums und des Datums, an dem Unterstützung geleistet wurde. Alle lokalen Hilfsdiensten gemeldeten Fälle nachverfolgen, um zu prüfen, ob Unterstützung geleistet wurde, um die weitere Entwicklung der Situation nachzuvollziehen und um weitere Unterstützungsbedarfe zu ermitteln.
- Bei Fällen von Zwangsarbeit können Unternehmen gesetzlich verpflichtet sein, die Öffentlichkeit zu informieren. Die Fälle sollten beobachtet und die Opfer regelmäßig kontaktiert werden, um ihre Unterstützung zu gewährleisten und weitere Bedarfe zu ermitteln.

Was sollte man nachverfolgen und überprüfen?

Um zu entscheiden, was beobachtet und geprüft werden sollte, ist es hilfreich, sich an standardisierten Datenerhebungen zu orientieren und zu überlegen, wie Daten skalengerecht und konvergent aggregiert werden können. Dafür können die von Regierungen der Erzeugerländer und von Branchen- und Multi-Stakeholder-Initiativen festgelegten Indikatoren und zentralen Datenpunkte ermittelt werden, um sich an ihnen zu orientieren oder sie direkt zu nutzen. Nationale Aktionspläne (NAP) und nationale Erhebungen zu Kinderarbeit, die auch Leistungsindikatoren (Ergebnisindikatoren, Ausgangsniveau, Zielvorgaben) vorsehen, können eine nützliche Quelle darstellen.

Tabelle 6. Beispiele für Indikatoren zur Nachverfolgung

Indikatoren für Kinderarbeit	Indikatoren für Zwangsarbeit
Anzahl der Haushalte und Anzahl der Kinder, die Teil eines CLMRS oder ähnlicher Programme sind	Anzahl der Haushalte, die von Sensibilisierungskampagnen zu Zwangsarbeit erreicht wurden
Anzahl der erfassten Fälle	Anzahl der von einer Risikobewertung zu Zwangsarbeit erfassten Haushalte
Anzahl der erfassten Fälle mit Unterstützungsleistung	Anzahl der Haushalte mit Zugang zu Beschwerdemechanismen zur Bekämpfung drohender und tatsächlicher Zwangsarbeit
Anzahl der erfassten Fälle mit mindestens zwei Follow-up-Besuchen	Anzahl der in den letzten zwölf Monaten erfassten Beschwerden
Anzahl der Kinder, die keine Kinderarbeit mehr verrichten	Anzahl der Genossenschaften mit Leitlinien gegen Zwangsarbeit
Anzahl der Haushalte, die Teil eines anderen Systems zur Bekämpfung von Kinderarbeit sind, sowie Wirkung dieser Systeme	Anzahl der zum Thema Zwangsarbeit geschulten Personen

Anmerkung: Beispiele für gemeinsame Indikatoren zu Kinderarbeit, auf die sich die ICI und die nationalen Plattformen für nachhaltigen Kakao in Europa (ISCO) geeinigt haben.

Lieferkettenbewertungen durchführen

- Lieferketten sind dynamisch und anfällig für verschiedene Einflussfaktoren wie den Klimawandel oder Epidemien. Die Bedingungen und Risikoniveaus der Beschaffung von Kakaobohnen können sich von heute auf morgen ändern. Unternehmen müssen mit diesen Veränderungen Schritt halten und ihre Strategien zur Erfüllung ihrer Sorgfaltspflichten entsprechend anpassen. Einige Unternehmen im Kakaosektor führen Pilotprojekte zur Kartierung mit Satelliten und LiDAR durch, um mit Echtzeitdaten und genaueren Informationen eine präzisere Rückverfolgung zu erreichen und die Bewertung von Entwaldungs- und anderen Risiken zu verbessern. Dabei wird besser ersichtlich, wie der Kakaoanbau die Entwaldung vorantreibt, die auch eine Erhöhung des Zwangsarbeitsrisikos mit sich bringen kann (Myers, 2019[35]).
- Nachgelagerte Unternehmen sollten an ihre Zulieferer und anderen Geschäftspartner an Kontrollpunkten der Kakaolieferkette herantreten und sich vergewissern, dass deren Risikominderungsmaßnahmen in Bezug auf Kinder- und Zwangsarbeit auf dem neuesten Stand sind und dass gegen Fälle von Kinder- und Zwangsarbeit vorgegangen wurde. Um die Transparenz in der Lieferkette im Zeitverlauf zu erhöhen, ist es von entscheidender Bedeutung, einen regelmäßigen Informationstransfer von vor- zu nachgelagerten Unternehmen zu gewährleisten.

Betroffene oder potenziell betroffene Rechteinhaber konsultieren und einbeziehen

Die Einbindung von Stakeholdern ist ein integraler Teil des Due-Diligence-Rahmens der OECD. Die Leistungsfähigkeit von Nachverfolgungs- und Überprüfungssystemen steigt mit der Einbindung von internem Personal, Vertreter*innen von Genossenschaften und Bauernvereinigungen, zivilgesellschaftlichen Organisationen, Arbeitnehmervertreter*innen, führenden Mitgliedern lokaler Gemeinschaften, staatlichen Stellen und anderen Stakeholdern.

Was Kinder- und Zwangsarbeit betrifft, ist der Austausch mit Landwirt*innen, ihren Familien und Vereinigungen sowie Eltern wichtig, ebenso wie die Einbindung von Frauenvertreter*innen, zivilgesellschaftlichen Organisationen gegen Kinder- und Zwangsarbeit, Arbeitnehmervertreter*innen, Gewerkschaften und Arbeiterführer*innen, führenden Mitgliedern lokaler Gemeinschaften und Schulen sowie von Behörden und sonstigen staatlichen Stellen (insbesondere mit Zuständigkeit für Kinderschutz und Arbeitnehmerrechte). Diese Stakeholder sollten regelmäßig konsultiert und einbezogen werden, um den Informationsstand zu Kinder- und Zwangsarbeit zu überwachen und zu aktualisieren.

Nachgelagerte Unternehmen können ggf. mit lokalen und internationalen NRO, die in Fragen der Kinderarbeit und des Arbeitnehmerschutzes erfahren sind, sowie mit Industrieverbänden und Brancheninitiativen vor Ort zusammenarbeiten. Es ist sehr wichtig, Kinder, bei denen Kinderarbeit festgestellt wurde, zu begleiten, sie zu ihrer aktuellen Situation und ihrem Arbeitsstatus zu befragen und im Auge zu behalten, wie sich ihre Lage verändert. Dies kann im Rahmen von Hausbesuchen erfolgen. Dies ist ein Kernelement von Monitoringsystemen wie CLMRS, die regelmäßige Follow-up-Besuche vorsehen, bis das Kind nach vorher festgelegten Kriterien als nicht mehr von Kinderarbeit betroffen eingestuft wird.

Die Multi-Stakeholder- und Brancheninitiativen, denen das Unternehmen angehört, regelmäßig prüfen

Im Kakaosektor gibt es mehrere Multi-Stakeholder- und Brancheninitiativen für Nachhaltigkeit, die Unternehmen bei der Erfüllung von Sorgfaltspflichten zur Bekämpfung von Kinderarbeit und Zwangsarbeit unterstützen können. Dies gilt insbesondere für Unternehmen, die in der Lieferkette viele Stufen vom Kakaoanbau entfernt sind. Diese Initiativen entbinden die teilnehmenden Unternehmen allerdings nicht von ihrer Verantwortung für die Erfüllung der Sorgfaltspflichten und sollten deshalb regelmäßig einer Bewertung unterzogen werden. Unternehmen, die solche Initiativen nutzen oder sich daran beteiligen, um ihre Due-Diligence-Maßnahmen zu ergänzen, sollten prüfen, ob die Initiativen mit den OECD-Empfehlungen zur Erfüllung der Sorgfaltspflichten im Einklang stehen.[9]

Feedback und gewonnene Erkenntnisse berücksichtigen, um die Verfahren und Ergebnisse der Due-Diligence-Maßnahmen kontinuierlich zu verbessern

Unternehmen sollten in regelmäßigen Abständen eine umfassende Bewertung ihrer gesamten Due-Diligence-Bemühungen vornehmen, u. a. durch unabhängige Audits akkreditierter Dritter, die über Fachkenntnisse und Erfahrung in der Überprüfung von Maßnahmen gegen Kinder- und Zwangsarbeit verfügen.

Neben Unabhängigkeit und Kompetenz der Prüfer*innen setzt ein effektives Audit auch voraus, dass sie der Rechenschaftspflicht unterliegen und das Audit im Einklang mit den OECD-Empfehlungen durchführen. Gegenstand der Bewertung sollten beispielsweise Chains of Custody einschließlich ihrer Dokumentationsqualität, der Informationsstand hinsichtlich Kinderarbeit und die Arbeitsbedingungen in den Agrarbetrieben sein.

Kasten 7. Empfehlungen für ...

... Verarbeiter (soweit zutreffend), Händler, Vertreiber, Transporteure, Agrarbetriebe und Genossenschaften:

- Stellen Sie sicher, dass Ihre nachgelagerten Abnehmer wissen, wie Sie Informationen überprüfen und sammeln, welche Art von Daten erhoben werden (Tabelle 6), wie häufig dies erfolgt und mit wem Sie bei der Datenerhebung zusammenarbeiten.
- Kommunizieren Sie offen, welche Informationen Sie nicht haben und warum dies so ist.
- Besprechen Sie mit nachgelagerten Abnehmern, wie diese Ihre Datenerhebung unterstützen können und welche Ressourcen Sie benötigen. Wenn diese Abnehmer größere Einflussmöglichkeiten haben als Sie selbst, sollten Sie sie auffordern, diesen Einfluss und ihre Kapazitäten einzubringen.
- Ermitteln und unterstützen Sie bestehende CLMRS und Beschwerdemechanismen für Menschenrechtsverstöße und fördern Sie deren Ausweitung und die Vergrößerung ihres Anwendungsbereichs.

... Hersteller, Marken, Einzelhändler und (soweit zutreffend) Verarbeiter:

- Organisieren Sie regelmäßige Besprechungen mit Zulieferern, insbesondere mit jenen, die an Kontrollpunkten der Kakaolieferkette tätig sind (z. B. Händler, Mühlen, Importeure und Exporteure), um ihre Due-Diligence-Maßnahmen gegen die Risiken und negativen Effekte von Kinder- und Zwangsarbeit zu bewerten.
- Machen Sie vor Ort tätige NRO und internationale Organisationen ausfindig, die Erfahrung im Umgang mit Fällen von Kinder- und Zwangsarbeit haben und die örtliche Bevölkerung kennen; konsultieren Sie diese Organisationen regelmäßig, um zu überprüfen, ob die von Zulieferern bereitgestellten Informationen zutreffen.
- Beziehen Sie vor Ort tätige NRO und/oder Gewerkschaften ein, um ein kontinuierliches Monitoring von Agrarbetrieben zu fördern.

... KMU

- Vorgelagerte KMU sollten wissen, welche Daten nötig sind und wie oft sie bereitgestellt werden müssen, um die Anforderungen ihrer Abnehmer und gesetzliche Vorgaben zu erfüllen. Es ist ratsam, Daten verschiedener Kunden soweit möglich zu bündeln oder Technologien zur Effizienzsteigerung und Optimierung der Datenerhebung einzusetzen.
- Vorgelagerte KMU sollten das Verfahren der Nachverfolgung und Überprüfung von Wirksamkeitsdaten in bestehende gemeinschafts- oder lieferkettenbasierte Systeme wie CLMRS integrieren. Dies gewährleistet, dass internes und externes Feedback bei der Nachverfolgung des Verfahrens berücksichtigt wird, und trägt dazu bei, mögliche Finanz- und/oder Kapazitätsbedenken auszuräumen.
- KMU sollten unabhängig von ihrer Position in der Lieferkette die Tools und standardisierten Indikatoren der Branchen- oder Multi-Stakeholder-Initiativen in Betracht ziehen, an denen sie beteiligt sind. Dies vermeidet Doppelarbeit und begünstigt die Bündelung von Einfluss und Ressourcen.
- Zur Nachverfolgung und Überprüfung der Wirksamkeit von Due Diligence sind robuste und dauerhafte Unternehmensprozesse erforderlich. Nachgelagerte KMU sollten erwägen, dauerhafte Geschäftsbeziehungen mit ihren Lieferanten einzuführen, um einen kontinuierlichen Informationsfluss zur Nachverfolgung und Überprüfung zu gewährleisten.

Schritt 5: Die Erfüllung der Sorgfalts-pflichten kommunizieren und darüber Bericht erstatten

Schritt 5 enthält Empfehlungen dazu, wie sich relevante Informationen zu Due-Diligence-Strategien, -Prozessen und -Aktivitäten zur Bestimmung und Behebung tatsächlicher und potenzieller Effekte wie auch die Erkenntnisse aus diesen Maßnahmen extern kommunizieren lassen.

Strategische Fragen für Unternehmen

- Inwieweit erstellen Sie Berichte über die im Rahmen Ihrer Geschäftstätigkeiten und in Ihren Lieferketten ergriffenen Maßnahmen zur Bekämpfung von Kinderarbeit und Zwangsarbeit? Sind diese Berichte öffentlich zugänglich?
- Welche erheblichen negativen Effekte oder Risiken wurden festgestellt, priorisiert und bewertet, und nach welchen Kriterien erfolgt die Priorisierung? Wurden diese Effekte und Risiken der Öffentlichkeit mitgeteilt?
- Welche Aktivitäten führt Ihr Unternehmen durch, um Risiken und negative Effekte festzustellen, zu verhindern oder zu mindern? Wurden Fristen und Benchmarks für Verbesserungen und Ergebnisse eingeführt? Wurde ein effektives System zur Bekämpfung von Kinderarbeit und Zwangsarbeit eingeführt? Wurden diesbezügliche Einzelheiten mitgeteilt?
- Wie misst und verfolgt Ihr Unternehmen die Umsetzung von Aktivitäten, um Kinderarbeit und Zwangsarbeit festzustellen, zu verhindern, zu beseitigen und zu mindern? Wurden die Ergebnisse veröffentlicht?
- Inwieweit haben Sie in Fällen, in denen Sie eine Situation von Kinder- oder Zwangsarbeit verursacht oder dazu beigetragen haben, die betroffenen Akteure über Ihre Folgemaßnahmen und deren Ergebnisse informiert?
- Welche Ergebnisse hat Ihr Unternehmen erzielt, wenn es Abhilfemaßnahmen ergriffen oder daran mitgewirkt hat? Wurden diese Informationen veröffentlicht?

Die Erfüllung der Sorgfaltspflichten kommunizieren und darüber Bericht erstatten

Unternehmen sollten ihre Due-Diligence-Aktivitäten, die ermittelten Risiken – insbesondere Kinder- und Zwangsarbeit – und die zur Bekämpfung dieser Risiken ergriffenen Maßnahmen extern kommunizieren. Die Veröffentlichung dieser Art von Informationen wird sowohl im Rahmen der nichtfinanziellen Berichterstattung und in den Rechtsvorschriften zur Erfüllung der Sorgfaltspflichten, als auch in den freiwilligen Offenlegungsregeln der Investoren zunehmend gefordert. In einigen Staaten gelten u. U. besondere Berichtspflichten hinsichtlich der Maßnahmen zur Erfüllung der Sorgfaltspflichten.

Relevante Informationen zu Due-Diligence-Prozessen veröffentlichen

Was kommunizieren Sie extern?

Die beteiligten Akteure und Geschäftspartner sollten klare, präzise und zeitnahe Informationen erhalten, sowohl über festgestellte tatsächliche und potenzielle Situationen von Kinderarbeit und Zwangsarbeit als auch über die Schritte und Maßnahmen, die Ihr Unternehmen ergriffen hat, um diese zu mindern oder zu verhindern. Selbstverständlich müssen die veröffentlichten Unternehmensberichte der Vertraulichkeit geschäftlicher Informationen und anderen Wettbewerbs- oder Sicherheitsbelangen gebührend Rechnung tragen.

- **Due-Diligence-Richtlinien und -Managementsysteme:** Relevante Informationen, insbesondere zu Managementstrukturen, Mitarbeiterschulungen und bestehenden Due-Diligence-Prozessen sowie zum Kontroll- und Transparenzsystem, das Ihr Unternehmen in der gesamten Kakaolieferkette eingerichtet hat oder derzeit einrichtet (d. h. ein Chain-of-Custody- oder Rückverfolgungssystem, über das das Unternehmen selbst oder zusammen mit anderen Stakeholdern verfügt).

- **Due-Diligence-Prozess und Lieferkettenrisiken:** Die Berichterstattung sollte sich auf den Prozess erstrecken, den Ihr Unternehmen verwendet, um Risiken in der Kakaolieferkette festzustellen, zu priorisieren und zu bewerten. Außerdem sollten die Ergebnisse dieser Bewertung erfasst werden. Dabei sollten auch all die Maßnahmen berücksichtigt werden, die Sie ergreifen, um Kinderarbeit und Zwangsarbeit in Ihrer Lieferkette zu mindern und zu verhindern. In diesem Zusammenhang geht es um Informationen zu den Maßnahmen, die ergriffen werden, wenn Ihr Unternehmen von Kinderarbeit und Zwangsarbeit in Ihrer Lieferkette erfährt, sowie um Fristen für Abhilfemaßnahmen und die Einbeziehung der relevanten Akteure. Die öffentliche Berichterstattung kann auch Folgendes erfassen: Bewertungen Dritter zu den Due-Diligence-Bemühungen Ihres Unternehmens, nicht vertrauliche Bewertungen von Unternehmen an Kontrollpunkten in Ihrer Lieferkette sowie sonstige Bewertungen, die in einzelnen Segmenten Ihrer Lieferkette durchgeführt wurden, in denen das Risiko von Kinderarbeit und Zwangsarbeit als hoch eingestuft wird.
- **Fortschritte und Ergebnisse:** Die Berichterstattung kann auch die Erkenntnisse und Ergebnisse zur Frage erfassen, was in den Due-Diligence-Bemühungen gut funktioniert hat und was verbessert werden sollte.

Kasten 8. Beispiele für Informationen, die bei einer Berichterstattung über Fortschritte und Ergebnisse von Due-Diligence-Bemühungen kommuniziert werden können

- Die **Reichweite** der Due-Diligence-Prüfungen eines Unternehmens in Bezug auf Kinder- und Zwangsarbeit im Vergleich zum gesamten Beschaffungsprozess. Zum Beispiel: „Unsere Due-Diligence-Bemühungen im Jahr 2022 erstreckten sich auf 200 Haushalte, die 80 % der direkten Lieferkette und ungefähr 50 % unserer gesamten Kakaolieferkette ausmachen (einschl. der indirekten Lieferkette)."
- Die **Anzahl oder der Prozentsatz** der Kinder, die im Rahmen der Due-Diligence-Prüfungen eines Unternehmens als von Kinderarbeit betroffen oder bedroht ermittelt wurden. Zum Beispiel: „2022 befanden sich ungefähr 27 % der im Rahmen unserer Due-Diligence-Systeme befragten Kinder in Kinderarbeit."
- **Die Art der gewährten Unterstützung**, darunter Verbreitung von Informationen zur Verhinderung und Behebung von Kinder- und Zwangsarbeit, wie z. B. Sensibilisierungsaktivitäten, Unterstützung für einen besseren Zugang zu guter Bildung, Einkommen generierende Aktivitäten usw. Zum Beispiel: „Im Rahmen der Bemühungen, Kinder- und Zwangsarbeit in der Kakaolieferkette zu bekämpfen, nahmen 200 Haushalte an Sensibilisierungsaktivitäten teil, wurden 150 Schulkits verteilt und erhielten 100 Haushalte Unterstützung, alternative Einkommen generierende Aktivitäten zu finden."
- **Die Ergebnisse** dieser Aktionen, z. B. die Zahl der Kinder, die sich nun nicht mehr in Kinderarbeit befinden, sowie andere Veränderungen, die im Rahmen der Follow-up-Maßnahmen gegen drohende und tatsächliche Situationen von Kinderarbeit erfasst wurden. Zum Beispiel: „Ein Drittel der Kinder, die Opfer von Kinderarbeit waren, befinden sich nach zwei Follow-up-Besuchen nicht mehr in Kinderarbeit." Oder: „In den Gemeinschaften, aus denen wir den Kakao beziehen, ist die Kinderarbeit um 30 % gesunken."
- Die **Wirksamkeit und Effizienz** der Due-Diligence-Bemühungen, wie z. B. Verbesserungen bei den Fallzahlen, beim Tempo der geleisteten Unterstützung sowie bei den Ergebnissen (z. B. ein Rückgang der Kinderarbeit).

Die oben genannten Informationen in einer leicht zugänglichen und geeigneten Form veröffentlichen

Berichte über die Due Diligence eines Unternehmens sollten leicht zugänglich sein und z. B. auf der Website oder in Nachhaltigkeits- oder integrierten Berichten des Unternehmens veröffentlicht werden. Letztere sollten in den Geschäftsräumen und in den Lokalsprachen verfügbar sein. Dabei ist zu beachten, dass die Kommunikation mit betroffenen oder potenziell betroffenen Rechteinhabern möglicherweise einen anderen Ansatz erfordert als die Kommunikation mit anderen Stakeholdern. Es ist wichtig, dass die betroffenen Gemeinschaften die Zusagen der Unternehmen im Hinblick auf Maßnahmen zur Beseitigung negativer Effekte wie Kinderarbeit und Zwangsarbeit verstehen, und wissen, welche Aktivitäten aus welchen Gründen durchgeführt werden, welche Ergebnisse im Zeitverlauf erwartet werden und welche Rechtsmittel den betroffenen Personen zur Verfügung stehen, wenn die Unternehmen ihre Zusagen nicht einhalten.

Abhilfe schaffen: Gegebenenfalls Abhilfe leisten oder dabei kooperieren

Die Bereitstellung von Abhilfe ist ein separater, kritischer Prozess, den die Sorgfaltspflichten ermöglichen und unterstützen sollten. In diesem Kapitel werden verschiedene Möglichkeiten beschrieben, wie ein Unternehmen der Kakaobranche im Fall drohender und tatsächlicher Situationen von Kinder- und Zwangsarbeit gegebenenfalls Abhilfe leisten oder dabei kooperieren kann.

Gegebenenfalls Abhilfe leisten oder dabei kooperieren

„Die betroffenen Personen wieder in die Situation zu versetzen suchen, in der sie sich ohne Eintritt des negativen Effekts befunden hätten (wo möglich), und Wiedergutmachung proportional zu Erheblichkeit und Grad des negativen Effekts ermöglichen" (OECD, 2018[3]).

Wenn das Unternehmen feststellt, dass es tatsächliche negative Effekte **verursacht oder dazu beigetragen hat**, sollte es gemäß den OECD-Empfehlungen (Abbildung 5) diese Effekte durch Leistung von oder Kooperation bei Abhilfe beheben.

Bei den Formen der Abhilfe handelt es sich u. a. um „Entschuldigungen, Restitution oder Rehabilitierung, finanzielle oder nichtfinanzielle Entschädigung, Strafsanktionen (straf- oder verwaltungsrechtlicher Art, z. B. Bußgelder) sowie Schadensverhütung, z. B. durch einstweilige Verfügungen und Nichtwiederholungsgarantien" (OHCHR, 2011[36]).

Bei der Behebung von Kinderarbeit geht es darum, Kinder, ihre Familien und Gemeinschaften dabei zu unterstützen, Kinder aus Kinderarbeit zu befreien. In der Praxis ähneln viele der Aktivitäten und Unterstützungsleistungen, die dazu dienen, Kinder aus einer Situation der Kinderarbeit zu befreien, den Maßnahmen zur Verhinderung und Minderung künftiger Fälle; vgl. Kapitel 3 wegen weiterer Informationen zur Verhinderung und Minderung von Kinderarbeit. Analog dazu handelt es sich bei der Behebung von Zwangsarbeit darum, die Opfer (Kinder oder Erwachsene) dabei zu unterstützen, sich aus Situationen von Zwangsarbeit zu befreien und den erlittenen Schaden so weit wie möglich zu beheben. Die Unternehmen sollten die betroffenen Personen konsultieren, darunter die Kinder, die Jugendlichen, die Versorgenden oder die Familie, um sicherzustellen, dass sie verstehen, was passiert ist und wie es dazu gekommen ist. In den Unternehmen sollte auch darüber diskutiert werden, welche Art von Unterstützung erforderlich ist, um zu verhindern, dass das Kind erneut Opfer von Kinder- oder Zwangsarbeit wird.

Beispiele von Abhilfemaßnahmen bei **Kinderarbeit**:

- Bildungsmaterialien bereitstellen und Bildungskosten übernehmen (z. B. für Schulkits, Uniformen, Gebühren, Stipendien und andere Aktionen, die den Zugang eines Kindes zum Bildungssystem erleichtern können)
- Bildungsunterstützung leisten (z. B. Nachhilfeunterricht und Brückenkurse für Kinder)
- Zugang zu Berufsausbildung und Lehre bieten

Wenn Kinder keinen Zugang zu guter Bildung haben, sollten die Unternehmen auch in Erwägung ziehen, einen Beitrag zu Gemeinschaftsmaßnahmen zu leisten, wie dem Bau kritischer Infrastrukturen in Zusammenarbeit mit staatlichen Einrichtungen und lokalen Akteuren. Unternehmen, die Kinderarbeit verursachen oder dazu beitragen, sollten bereit sein, zusätzliche finanzielle oder logistische Unterstützung zu leisten, sobald ein Fall gemeldet wird. Abbildung 9 enthält einen Entscheidungsbaum, der Unternehmen helfen soll, die beste Unterstützung für Kinder und Gemeinschaften zu finden.

Beispiele von Abhilfe bei **Zwangsarbeit**:

- Rückerstattung, um sicherzustellen, dass den Arbeitskräften geschuldete Löhne ausgezahlt und sie für sonstige finanzielle Strafen, wie z. B. Darlehenszinsen, entschädigt werden
- Entschädigung für erlittene Schmerzen und Leiden
- Rehabilitation, die auf Wunsch auch Leistungen wie Stipendien, Rechtshilfe oder Unterstützung bei der Repatriierung umfassen könnte
- medizinische Versorgung, psychologische Unterstützung oder jegliche sonstige Form von Hilfe, zu der das Opfer aufgrund seiner Umstände möglicherweise allein keinen Zugang hat

Abbildung 9. Auswahl der Maßnahmen für Kinder und Gemeinschaften

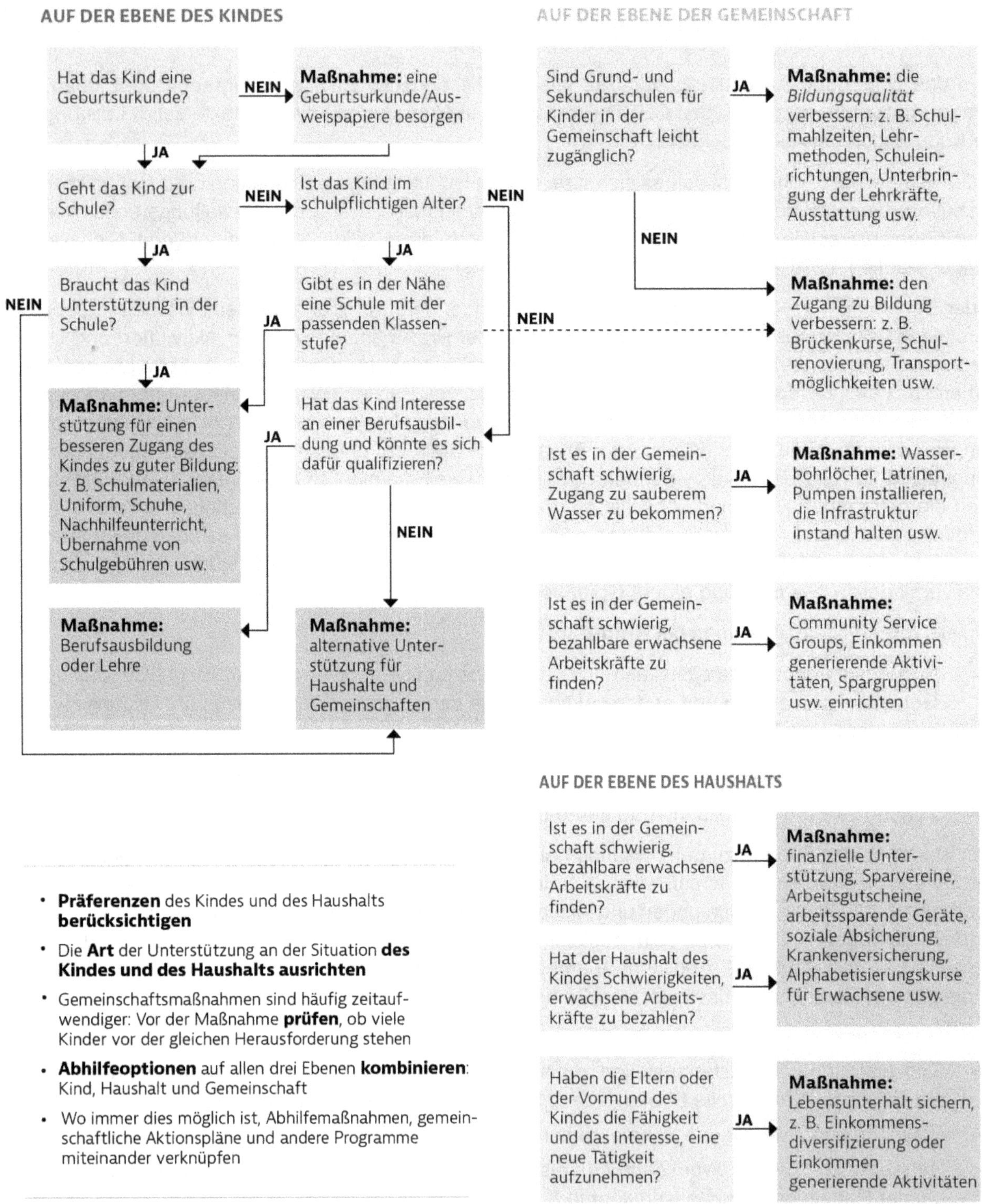

Quelle: ICI (2022[33]), *Selecting support to prevent and remediate child labour through a CLMRS*, International Cocoa Initiative, Châtelaine, https://www.cocoainitiative.org/knowledge-hub/resources/selecting-support-prevent-and-remediate-child-labour-through-clmrs.

Beschwerdemechanismen

Die OECD empfiehlt Unternehmen, gegebenenfalls legitime Mechanismen zur Wiedergutmachung bereitzustellen oder mit ihnen zu kooperieren, durch die betroffene Stakeholder und Rechteinhaber gegenüber dem Unternehmen Beschwerden erheben und Klärung selbiger anstreben können. Dazu können staatliche und nicht staatliche Prozesse zählen. In manchen Fällen sind Unternehmen eventuell dazu verpflichtet, an staatlichen gerichtlichen oder außergerichtlichen Beschwerdeverfahren teilzunehmen. Zu den außergerichtlichen Mechanismen zählen spezialisierte Regierungsorgane (vgl. beispielsweise Kasten 9 zu Nationalen Kontaktstellen der OECD für verantwortungsvolles unternehmerisches Handeln (*National Contact Points for Responsible Business Conduct*), Verbraucherschutzzentralen, Regulierungsaufsichtsbehörden und Umweltschutzagenturen. Unternehmen können auch in nicht staatlichen Beschwerdemechanismen zusammenarbeiten, wie z. B. in Multi-Stakeholder-Beschwerdemechanismen oder in Globalen Rahmenvereinbarungen zwischen Gewerkschaften und multinationalen Unternehmen.

Von Unternehmen verwaltete Beschwerdemechanismen auf Betriebsebene bieten ebenfalls die Möglichkeit, Abhilfe zu schaffen, da sie Unternehmen auf mutmaßliche negative Effekte hinweisen, die behoben werden müssen. Beispiele hierfür sind interne Beschwerdemechanismen für Arbeitskräfte oder Beschwerdesysteme dritter Parteien. Beschwerdemechanismen auf Betriebsebene sollten im Einklang mit den zentralen Wirksamkeitskriterien der VN-Leitprinzipien für Wirtschaft und Menschenrechte und den OECD-Leitsätzen konzipiert werden, in denen betont wird, dass diese Mechanismen legitim, zugänglich, vorhersehbar, unparteilich, transparent, rechtskonform und eine Quelle kontinuierlichen Lernens sein sollten. Im Kakaosektor können Unternehmen mit landwirtschaftlichen Gemeinschaften zusammenarbeiten, um Anlaufstellen für Beschwerden einzurichten. Die Gemeinschaften sind so in der Lage, Belange zu erörtern und mit Unterstützung der lokalen Bauernverbände Lösungen zu finden und umzusetzen.

Kasten 9. Abhilfe durch das OECD-Netzwerk der Nationalen Kontaktstellen (NKS) für verantwortungsvolles unternehmerisches Handeln

Die im OECD-Netzwerk der Nationalen Kontaktstellen (NKS) für verantwortungsvolles unternehmerisches Handeln zusammengeschlossenen Behörden wurden von den Regierungen eingerichtet, die den OECD-Empfehlungen zu verantwortungsvollem unternehmerischem Handeln beigetreten sind. Sie haben eine doppelte Aufgabe: Zum einen sollen sie die Umsetzung der OECD-Leitsätze und damit verbundenen Sorgfaltsgrundsätze fördern und zum anderen im Rahmen eines freiwilligen Verfahrens für „besondere Fälle" zur Lösung von Problemen beitragen. Bisher haben 51 Regierungen eine NKS eingerichtet, und im Netzwerk sind mehr als 620 besondere Fälle eingegangen.

2014 legten die NRO Equitable Cambodia (EC) und Inclusive Development International (IDI) der NKS Australiens einen Fall („besonderen Fall") vor, in dem sie behaupteten, die Bank ANZ habe die Leitsätze bei ihrer Zusammenarbeit mit Phnom Penh Sugar Co. Ltd (PPS) in Kambodscha nicht eingehalten. Die australische NKS befasste sich mit den aufgeworfenen Punkten, darunter die Beschlagnahme von Land, Kinderarbeit und die Vernichtung von Anbaukulturen und Eigentum durch die PPS im Zusammenhang mit einer von der Bank ANZ finanzierten Zuckerrohrplantage. Trotz des von der NKS unterstützten Mediationsverfahrens konnten die Parteien keine Einigung erzielen. Akteure der Zivilgesellschaft vor Ort setzten sich weiter für eine Entschädigung ein und standen der NKS diesbezüglich in der Follow-up-Phase zur Seite. Dies führte zu einer Wiederaufnahme der Gespräche, und die Bank ANZ hat sich bereit erklärt, einen finanziellen Beitrag in Höhe des Bruttogewinns zu leisten, den sie mit dieser Operation erzielt hatte, um die Härten zu mildern, denen sich die betroffenen Gemeinschaften gegenübersahen, und ihre Rehabilitierung zu unterstützen.

Quelle: OECD (2020), *National Contact Points for Responsible Business Conduct – Providing access to remedy: 20 years and the road ahead*, OECD, Paris, https://mneguidelines.oecd.org/NCPs-for-RBC-providing-access-to-remedy-20-years-and-the-road-ahead.pdf.

Ausmaß und Wirkung der Bekämpfung von Kinderarbeit und Zwangsarbeit durch Zusammenarbeit steigern

In diesem letzten Kapitel wird untersucht, wie Unternehmen im Kakaosektor gemeinsame Initiativen nutzen können, um ihre Due-Diligence-Bemühungen zu verstärken und systemische Veränderungen in der gesamten Branche anzustoßen.

Verantwortungsvolles unternehmerisches Handeln und kooperative Aktionen im Kakaosektor

Zusammenarbeit bei der Umsetzung der Sorgfaltspflichten

Branchen- und Multi-Stakeholder-Initiativen können die Due-Diligence-Maßnahmen eines Unternehmens unterstützen und stärken – sei es bei der Entwicklung von Leitlinien, der Beurteilung menschenrechtlicher Auswirkungen oder der Nachverfolgung von Fortschritten auf Branchenebene. Diese Form der Zusammenarbeit ermöglicht es, Informationen zu menschenrechtlichen Risiken und Auswirkungen zu bündeln, Einflussmöglichkeiten zu verstärken und effektive Maßnahmen auszuweiten. Sie kann auch dazu beitragen, die Transparenz in den einzelnen Sektoren zu erhöhen, Kosten zu teilen und Einsparungen zu erzielen. Allerdings befreit die Zusammenarbeit das einzelne Unternehmen nicht von seiner Verantwortung, Maßnahmen zur Erfüllung der Sorgfaltspflichten zu ergreifen und menschenrechtliche Risiken und Auswirkungen, wie Kinderarbeit und Zwangsarbeit, zu ermitteln, zu verhindern und dagegen vorzugehen.

Zusammenarbeit zur Bewältigung systemischer Herausforderungen für die Menschenrechte im Kakaosektor

Kollaborative Ansätze sind ein gutes Instrument, um die eigentlichen Ursachen und systemische Probleme anzugehen und können durch verschiedene Maßnahmen gefördert werden:

- **Staatliche Stellen einbeziehen:** Die staatlichen Stellen sind die wichtigsten Akteure im Kampf gegen Kinderarbeit und Zwangsarbeit im Kakaosektor. Unternehmen können staatliche und kommunale Initiativen unterstützen, indem sie die Transparenz entlang der Lieferkette erhöhen und bei den Bemühungen um Minderung und Abhilfe mitwirken. Sie können auch mit staatlichen Stellen auf regionaler oder nationaler Ebene zusammenarbeiten, um Gesetze, Richtlinien und Maßnahmen zu fördern, die ein verantwortungsvolles unternehmerisches Handeln oder die Durchsetzung von Rechtsvorschriften begünstigen.
- **Informationen bündeln und gemeinsame Datensysteme entwickeln:** Die Zusammenarbeit mit anderen Unternehmen kann beispielsweise dazu beitragen, glaubwürdige und zugängliche Datenquellen zu Kinderarbeit und Zwangsarbeit im Kakaosektor und zu ihren eigentlichen Ursachen zu entwickeln. Die Aufnahme der Daten in öffentliche Datenbanken erhöht ihre Transparenz und kann das kollektive Wissen um die Problematik bereichern, um einen breiteren Wandel herbeizuführen.
- **Von bestehenden Initiativen lernen und auf ihnen aufbauen:** Durch die Zusammenarbeit mit anderen Unternehmen, zivilgesellschaftlichen Organisationen, staatlichen Stellen, internationalen Organisationen und anderen Akteuren, die aktiv gegen Kinderarbeit und Zwangsarbeit vorgehen, können Doppelarbeit und eine Zersplitterung der Anstrengungen vermieden werden. Unternehmen können z. B. in Erwägung ziehen, sich an internationalen Initiativen zu beteiligen, die sich für kinder- und zwangsarbeitsfreie Lieferketten einsetzen, wie z. B. die ILO-Plattform für Kinderarbeit und das Global Business Network on Forced Labour sowie die ICI. Die Zusammenarbeit kann auch die Koordination verschiedener Unternehmensinitiativen im Rahmen des CLMRS unterstützen und zur Steigerung und Verbesserung der Wirksamkeit nationaler Systeme beitragen (UNICEF, 2022[21]).
- **Kinder, Kinderrechtsgruppen und Personen mit Fachkenntnissen auf dem Gebiet der Zwangsarbeit einbeziehen:** Kinder und ihre Vertreter*innen sowie die Vertreter*innen von Opfern von Zwangsarbeit stellen eine separate und wichtige Gruppe dar, die dazu beitragen kann, die Qualität der eigenen Analysen eines Unternehmens und sein Verständnis der Situation zu verbessern, indem sie hilft, Informationslücken zu schließen und Probleme aufzudecken, die andere Stakeholder möglicherweise übersehen – insbesondere in Bezug auf die Ursachen von Kinderarbeit oder Zwangsarbeit in einer bestimmten Region.

- **Sektorübergreifend zusammenarbeiten:** Durch eine sektorübergreifende Zusammenarbeit (d. h. über den Kakaosektor hinaus) können wirksame Präventions- und Minderungsmaßnahmen eine neue Dimension erhalten. Gleichzeitig kann dadurch verhindert werden, dass branchenweite Anstrengungen zur Beseitigung von Kinderarbeit und Zwangsarbeit Kinder dazu veranlassen, Arbeit in anderen Sektoren zu suchen, beispielsweise im Agrarsektor, im artisanalen Bergbau, in der Bekleidungs-/Textilbranche oder im Sexgeschäft.
- **Einen Landschaftsansatz verwenden:** Ein Landschaftsansatz bezieht alle maßgeblichen Akteure in einem bestimmten geografischen Gebiet ein, beispielsweise andere Unternehmen, zivilgesellschaftliche Organisationen, internationale Organisationen, staatliche Stellen auf nationaler und regionaler Ebene sowie Multi-Stakeholder-Organisationen. Dieser Ansatz ermöglicht es, die Bekämpfung der Kinderarbeit in Verbindung mit anderen Anliegen, wie Bildung, Gesundheit, Wasser- und Sanitärversorgung, sowie anderen Kinderschutzmaßnahmen anzugehen.

Anhang A. Glossar

Jugendliche Arbeitnehmer*innen: „Jugendliche Arbeitnehmer*innen" bezieht sich auf Personen, die das gesetzliche Mindestalter für Beschäftigung von üblicherweise 15 Jahren erreicht haben, aber unter 18 Jahre alt sind (ILO, 2020[37]).

Kinderarbeit: Die ILO-Übereinkommen 138 und 182 definieren Kinderarbeit als Arbeit, welche Kinder ihrer Kindheit, ihres Potenzials und ihrer Würde beraubt sowie ihre physische und psychische Entwicklung schädigt, auch indem sie ihre Schulbildung beeinträchtigt: Kinderarbeit enthält Kindern die Möglichkeit des Schulbesuchs vor, zwingt sie, die Schule frühzeitig zu verlassen oder hält sie dazu an, Schule mit extrem langer und harter Arbeit zu verbinden (ILO, o. J.[6]; o. J.[7]). Die Definition von Kinderarbeit stellt sowohl auf das Alter des Kindes als auch auf die Art der geleisteten Arbeit ab (ILO/IOE, 2015[5]).

Menschenhandel, einschließlich Kinderhandel: Menschenhandel kann Zwangsarbeit zur Folge haben. Er umfasst die Verbringung von Personen, häufig über internationale Grenzen hinweg, zum Zweck der Ausbeutung. Eine grundlegende Definition des Menschenhandels findet sich im „Palermo-Protokoll" (2000) (VN, o. J.[38]). Ob Menschenhandel vorliegt, hängt von drei Elementen ab: Handlung, Mittel und Zweck (Ausbeutung). Eines der Mittel, die auf Menschenhandel hindeuten, ist die Nötigung. Dient sie (oder ein anderes Mittel) dazu, ein Opfer in eine Ausbeutungssituation zu bringen, liegt auch ohne tatsächliche Ausbeutung bereits ein Menschenhandelsdelikt vor. Kinderhandel ist jegliche Anwerbung, Verbringung, Beherbergung oder Aufnahme eines Kindes zum Zweck der Ausbeutung.

Mindestalter: Das ILO-Übereinkommen Nr. 138 verpflichtet die Staaten, ein Mindestalter für die Zulassung zur Beschäftigung oder Arbeit festzulegen sowie nationale Maßnahmen zur Abschaffung von Kinderarbeit zu ergreifen. Es sieht ein Mindestalter von 15 Jahren für Arbeit im Allgemeinen und von 18 Jahren für gefährliche Arbeit vor, wobei Entwicklungsländer die Möglichkeit haben, übergangsweise ein Mindestalter von 14 Jahren festzulegen (ILO/IOE, 2015[5]).

Schlimmste Formen der Kinderarbeit: Das ILO-Übereinkommen Nr. 182 (ILO, o. J.[7]) unterscheidet vier Kategorien der schlimmsten Formen der Kinderarbeit:

- alle Formen der Sklaverei oder alle sklavereiähnlichen Praktiken, wie der Verkauf von Kindern und der Kinderhandel, Schuldknechtschaft und Leibeigenschaft sowie Zwangs- oder Pflichtarbeit, einschließlich der Zwangs- oder Pflichtrekrutierung von Kindern für den Einsatz in bewaffneten Konflikten;
- das Heranziehen, Vermitteln oder Anbieten eines Kindes zur Prostitution, zur Herstellung von Pornografie oder zu pornografischen Darbietungen;
- das Heranziehen, Vermitteln oder Anbieten eines Kindes zu unerlaubten Tätigkeiten, insbesondere zur Gewinnung von und zum Handel mit Drogen, wie diese in den einschlägigen internationalen Übereinkünften definiert sind;
- Arbeit, die ihrer Natur nach oder aufgrund der Umstände, unter denen sie verrichtet wird, voraussichtlich für die Gesundheit, die Sicherheit oder die Sittlichkeit von Kindern schädlich ist. Gemäß dem Übereinkommen ist es Aufgabe der Staaten, genau zu prüfen und festzulegen, welche Tätigkeiten unter diese Kategorie fallen.

Zwangsarbeit und sklavereiähnliche Praktiken: Nach dem ILO-Übereinkommen 29 (ILO, o. J.[10]) ist Zwangsarbeit „jede Art von Arbeit oder Dienstleistung, die von einer Person unter Androhung irgendeiner

Strafe verlangt wird und für die sie sich nicht freiwillig zur Verfügung gestellt hat". Auch Kinder gelten als von Zwangsarbeit betroffen, wenn sie selbst oder ihre Eltern Zwangsarbeit verrichten. Ob Zwangsarbeit vorliegt, hängt nicht von der ausgeübten Tätigkeit ab, sondern von der Art der Beziehung zwischen den Betroffenen und dem „Arbeitgeber" (ILO, 2015[39]). Unter die sklavereiähnlichen Praktiken fallen z. B. Schuldknechtschaft, Leibeigenschaft und Zwangsheirat.

Zwangsarbeit (von Kindern): Gemäß der operationalen Definition der ILO (ILO, 2012[40]) ist Zwangsarbeit von Kindern definiert als von Kindern verrichtete Arbeit, zu der die Eltern oder die Kinder selbst von einem Dritten (d. h. nicht von den Eltern) gezwungen werden, die sich direkt aus der Zwangsarbeit (im Sinne des ILO-Übereinkommens Nr. 29) mindestens eines Elternteils ergibt, oder die einer der im ILO-Übereinkommen Nr. 182 aufgeführten schlimmsten Formen der Kinderarbeit entspricht: *a)* alle Formen der Sklaverei oder alle sklavereiähnlichen Praktiken, wie der Verkauf von Kindern und der Kinderhandel, Schuldknechtschaft und Leibeigenschaft, einschließlich der Zwangs- oder Pflichtrekrutierung von Kindern zur Verwendung in bewaffneten Konflikten, *b)* das Heranziehen, Vermitteln oder Anbieten eines Kindes zur Prostitution, zur Herstellung von Pornografie oder zu pornografischen Darbietungen, *c)* das Heranziehen, Vermitteln oder Anbieten eines Kindes zu unerlaubten Tätigkeiten, insbesondere zur Gewinnung von und zum Handel mit Drogen, wie diese in den einschlägigen internationalen Übereinkünften definiert sind (ILO/Walk Free/IOM, 2022[15]; ILO, 2012[41]). Ein Zwang liegt vor, wenn das Kind oder seine Eltern während der Anwerbung des Kindes gezwungen werden, die Arbeit anzunehmen, wenn das Kind bereits arbeitet und genötigt wird, über die Einstellungsvereinbarung hinausgehende Arbeiten zu verrichten, oder wenn das Kind daran gehindert wird, die Arbeit zu verlassen (ILO, 2012[40]).

Literaturverzeichnis

Alliance 8.7 (o. J.), „Target 8.7“, https://www.alliance87.org/target-8-7/. [13]

de Buhr, E. und E. Gordon (2018), *Bitter Sweets: The prevalence of forced labour and child labour in the cocoa sectors of Côte d’Ivoire and Ghana*, Tulane University, New Orleans, und Walk Free Foundation, Perth, https://www.cocoainitiative.org/knowledge-hub/resources/walk-free-foundation-study-prevalence-forced-labour-and-child-labour-cocoa. [16]

Fairtrade Foundation (2020), *Cocoa Sustainable Livelihoods Landscape Study*, Fairtrade Foundation, London, https://www.fairtrade.org.uk/wp-content/uploads/legacy/Cocoa-Sustainable-Livelihoods-Landscape-Study.pdf. [20]

Fountain, A. und F. Hütz-Adams (2020), *Cocoa Barometer 2020*, Cocoa Barometer Consortium/VOICE Network, Ede, https://voicenetwork.cc/wp-content/uploads/2021/03/2020-Cocoa-Barometer-EN.pdf. [25]

Hütz-Adams, F. (2021), *Guide to conducting risk analyses for cocoa producing countries*, SÜDWIND e.V., Bonn, https://www.suedwind-institut.de/fileadmin/Suedwind/x_alt/x_alt_Pressemitteilungen/Kakao/2021_PM_17_Handlungsleitfaden%20Risikoanalysen%20Kakaosektor.pdf. [31]

ICCO (2022), „Grindings of Cocoa Beans“, *ICCO Quarterly Bulletin of Cocoa Statistics*, Vol. XLVIII/3, https://www.icco.org/statistics/#tab-id-7. [19]

ICCO (2022), „Production of Cocoa Beans“, *ICCO Quarterly Bulletin of Cocoa Statistics*, Vol. XLVIII/4, https://www.icco.org/statistics/#tab-id-6. [12]

ICCO (o. J.), „Cocoa Economy Information“, https://www.icco.org/economy/ (Abruf: 2023). [17]

ICI (2022), *Protective Community Index*, International Cocoa Initiative, Châtelaine, https://www.cocoainitiative.org/knowledge-hub/resources/protective-community-index. [28]

ICI (2022), *Selecting support to prevent and remediate child labour through a CLMRS*, International Cocoa Initiative, Châtelaine, https://www.cocoainitiative.org/knowledge-hub/resources/selecting-support-prevent-and-remediate-child-labour-through-clmrs. [33]

ICI (2021), *Benchmarking study: Overview and definition of Child Labour Monitoring and Remediation Systems*, International Cocoa Initiative, Châtelaine, https://www.cocoainitiative.org/knowledge-hub/resources/benchmarking-study-overview-and-definition-child-labour-monitoring-and. [26]

ICI (2021), *Risk models for predicting child labour*, International Cocoa Initiative, Châtelaine, https://www.cocoainitiative.org/knowledge-hub/resources/risk-models-predicting-child-labour. [30]

ICI (2020), *Community Child Labour Risk Assessment - Data Collections Tools*, International Cocoa Initiative, Châtelaine, https://www.cocoainitiative.org/knowledge-hub/resources/community-child-labour-risk-assessment-data-collections-tools. [29]

ICI (2019), *Education quality and child labour: A review of evidence from cocoa-growing communities in Côte d'Ivoire and Ghana*, International Cocoa Initiative, Châtelaine, https://www.cocoainitiative.org/knowledge-hub/resources/education-quality-and-child-labour-review-evidence-cocoa-growing. [23]

ICI (2019), „Using community-level data to understand child labour risk in cocoa-growing areas of Côte d'Ivoire and Ghana: Executive Summary", International Cocoa Initiative, Châtelaine, https://www.cocoainitiative.org/sites/default/files/resources/Using-community-level-data-to-understand-child-labour-risk_summary_Oct-2019_EN_1.pdf. [27]

ICI (o. J.), „Child Labour Monitoring and Remediation Systems: Introduction", https://clmrs.cocoainitiative.org/introduction. [43]

ILAB (o. J.), „List of Goods Produced by Child Labor or Forced Labor", Bureau of International Labor Affairs, Washington, D.C., https://www.dol.gov/agencies/ilab/reports/child-labor/list-of-goods#:~:text=The%20most%20common%20agricultural%20goods,and%20diamonds%20are%20most%20common. [1]

ILO (2020), *Supplier guidance on preventing, identifying and addressing child labour*, ILO, Genf, https://www.ilo.org/wcmsp5/groups/public/---ed_norm/---ipec/documents/publication/wcms_792211.pdf. [37]

ILO (2018), *Guidelines concerning the measurement of forced labour*, ILO, Genf, https://www.ilo.org/wcmsp5/groups/public/---dgreports/---stat/documents/meetingdocument/wcms_648619.pdf. [11]

ILO (2015), *Combating forced labour: a handbook for employers and business*, ILO, Genf, https://www.ilo.org/global/topics/forced-labour/publications/WCMS_101171/lang--en/index.htm. [39]

ILO (2012), *Hard to see, harder to count - Survey guidelines to estimate forced labour of adults and children*, ILO, Genf, https://www.ilo.org/global/topics/forced-labour/publications/WCMS_182096/lang--en/index.htm. [40]

ILO (o. J.), „Übereinkommen 138 – Übereinkommen über das Mindestalter für die Zulassung zur Beschäftigung, 1973", NORMLEX Information System on International Labour Standards, https://www.ilo.org/sites/default/files/wcmsp5/groups/public/@ed_norm/@normes/documents/normativeinstrument/wcms_c138_de.htm. [6]

ILO (o. J.), „Übereinkommen 182 – Übereinkommen über das Verbot und unverzügliche Maßnahmen zur Beseitigung der schlimmsten Formen der Kinderarbeit, 1999", NORMLEX Information System on International Labour Standards, https://www.ilo.org/sites/default/files/wcmsp5/groups/public/@ed_norm/@normes/documents/normativeinstrument/wcms_c182_de.htm. [7]

ILO (o. J.), „Übereinkommen 29 – Übereinkommen über Zwangs- oder Pflichtarbeit, 1930", NORMLEX Information System on International Labour Standards, https://www.ilo.org/sites/default/files/wcmsp5/groups/public/@ed_norm/@normes/documents/normativeinstrument/wcms_c029_de.htm. [10]

ILO/IOE (2015), *How to do business with respect for children's right to be free from child labour:* [5]

ILO-IOE child labour guidance tool for business, ILO, Genf, https://www.ilo.org/ipec/Informationresources/WCMS_IPEC_PUB_27555/lang--en/index.htm.

ILO/UNICEF (2021), *Child Labour: Global estimates 2020, trends and the road forward*, ILO, Genf, und UNICEF, New York, https://www.ilo.org/ipec/Informationresources/WCMS_797515/lang--en/index.htm. [14]

ILO/Walk Free/IOM (2022), *Global Estimates Of Modern Slavery: Forced Labour And Forced Marriage*, ILO, Genf, Walk Free, Perth, und IOM, Genf, https://www.walkfree.org/reports/global-estimates-of-modern-slavery-2022/. [15]

Kozicka, M. et al. (2018), *Forecasting Cocoa Yields for 2050*, Bioversity International, Rom, https://hdl.handle.net/10568/93236. [18]

Myers, A. (2019), „New space satellite tech set to help cocoa traceability in West Africa", *ConfectionaryNews*, 12. April, https://www.confectionerynews.com/Article/2019/04/12/New-space-satellite-tech-set-to-help-cocoa-traceability-in-West-Africa. [35]

OECD (2020), *National Contact Points for Responsible Business Conduct: Providing access to remedy – 20 years and the road ahead*, OECD, Paris, https://mneguidelines.oecd.org/NCPs-for-RBC-providing-access-to-remedy-20-years-and-the-road-ahead.pdf. [42]

OECD (2018), *OECD Due Diligence Guidance for Responsible Business Conduct*, http://mneguidelines.oecd.org/OECD-Due-Diligence-Guidance-for-Responsible-Business-Conduct.pdf. [22]

OECD (2018), *OECD-Leitfaden für die Erfüllung der Sorgfaltspflicht für verantwortungsvolles unternehmerisches Handeln*, OECD, Paris, http://mneguidelines.oecd.org/OECD-leitfaden-fur-die-erfullung-der-sorgfaltspflicht-fur-verantwortungsvolles-unternehmerisches-handeln.pdf. [3]

OECD (2011), *OECD-Leitsätze für multinationale Unternehmen*, OECD Publishing, Paris, https://doi.org/10.1787/9789264122352-de. [32]

OECD/EU/ILO (2019), *Responsible Business: Key Messages from International Instruments*, OECD, Paris, Europäische Union, Brüssel, und ILO, Genf, https://mneguidelines.oecd.org/Brochure-responsible-business-key-messages-from-international-instruments.pdf. [41]

OECD/FAO (2021), *OECD-FAO Guidance for Responsible Agricultural Supply Chain: Helping achieve the Sustainable Development Goals*, OECD, Paris, und FAO, Rom, https://www.fao.org/documents/card/en/c/CA7970EN/. [4]

OECD/FAO (2016), *OECD/FAO-Leitfaden für verantwortungsvolle landwirtschaftliche Lieferketten*, OECD Publishing, Paris, https://doi.org/10.1787/9789264261235-de. [2]

OHCHR (2011), *Guiding Principles on Business and Human Rights*, Vereinte Nationen, New York, https://www.ohchr.org/en/publications/reference-publications/guiding-principles-business-and-human-rights. [36]

Sadhu, S. et al. (2020), *Assessing Progress in Reducing Child Labor in Cocoa Growing Areas of Côte d'Ivoire and Ghana*, NORC, Chicago, https://www.norc.org/PDFs/Cocoa%20Report/NORC%202020%20Cocoa%20Report_English.pdf. [9]

Shift und IOE (2019), *SMEs and the Responsibility to Respect Human Rights*, Shift, New York, und International Organisation of Employers, Genf, https://shiftproject.org/resource/smes-and-the-responsibility-to-respect-human-rights/. [34]

UNICEF (2022), *Child labour and responsible business conduct: A guidance note for action*, UNICEF, New York, https://www.unicef.org/reports/child-labour-and-responsible-business-conduct. [21]

UNICEF (2018), *Children's Rights in the Cocoa-Growing Communities of Côte d'Ivoire: Synthesis Report*, UNICEF, Abidjan/Genf, https://sites.unicef.org/csr/css/synthesis-report-children-rights-cocoa-communities-en.pdf. [24]

VN (o. J.), „Convention on the Rights of the Child", United Nations Treaty Collection, https://treaties.un.org/pages/ViewDetails.aspx?src=IND&mtdsg_no=IV-11&chapter=4&clang=_en. [8]

VN (o. J.), „Protocol to Prevent, Suppress and Punish Trafficking in Persons, Especially Women and Children, supplementing the United Nations Convention against Transnational Organized Crime", United Nations Treaty Collection, https://treaties.un.org/Pages/ViewDetails.aspx?src=ind&mtdsg_no=XVIII-12-a&chapter=18&clang=_en. [38]

Anmerkungen

[1] Weitere Informationen finden sich in den *Inter-Sectoral Standard Operating Procedures for Child Protection and Family Welfare: Guidelines, Tools and Forms for Casework and Management*, die 2020 vom Ministry of Gender, Children and Social Protection von Ghana veröffentlicht wurden, unter https://www.unicef.org/ghana/media/3286/file/Inter-Sectoral%20SOPs%20for%20Child%20Protection%20and%20.

[2] Die drei wichtigsten Bezugspunkte für verantwortungsvolles unternehmerisches Handeln sind die Dreigliedrige Grundsatzerklärung über multinationale Unternehmen und Sozialpolitik der ILO, die OECD-Leitsätze für multinationale Unternehmen und die Leitprinzipien für Wirtschaft und Menschenrechte der Vereinten Nationen. Diese internationalen Instrumente sind aufeinander abgestimmt und ergänzen einander (OECD/EU/ILO, 2019[41]).

[3] Die zusätzlichen Ressourcen auf der ICI-Website sind verfügbar unter https://www.cocoainitiative.org/knowledge-hub/resources/additional-resources-support-human-rights-due-diligence-cocoa-sector.

[4] Weitere Informationen finden sich unter https://www.dol.gov/agencies/ilab/resources/reports/child-labor.

[5] Weitere Informationen zur geschlechtergerechten Erfüllung der Sorgfaltspflichten finden sich unter https://www.genderduediligence.org/.

[6] In den OECD-Empfehlungen wird betont, dass die Unternehmen vorrangig dazu verpflichtet sind, die inländischen Rechtsvorschriften der Staaten, in denen sie tätig sind und/oder ihren Sitz haben, einzuhalten.

[7] Vgl. OECD/FAO-Leitfaden (OECD/FAO, 2016[2]) S. 20 Abb. 1.1. zu den verschiedenen Stufen landwirtschaftlicher Lieferketten und den beteiligten Unternehmen.

[8] Wegen weiterer Einzelheiten vgl. „Kasten 5. Dialog mit Geschäftsbeziehungen, die an Kontrollpunkten in der Lieferkette operieren“ im OECD-Leitfaden (OECD, 2018[3]) sowie Seite 33 im OECD/FAO-Leitfaden (OECD/FAO, 2016[2]).

[9] Weitere Informationen zur Prüfung dieser Übereinstimmung (OECD Alignment Assessment) unter https://www.oecd.org/corporate/industry-initiatives-alignment-assessment.htm.

www.ingramcontent.com/pod-product-compliance
Lightning Source LLC
LaVergne TN
LVHW082051051026
849532LV00011B/3557
* 9 7 8 9 2 6 4 6 2 5 1 5 0 *